Повышение эффективности продвижения инвестиций в Таджикистане

ОЭСР
ЛУЧШАЯ ПОЛИТИКА
ДЛЯ ЛУЧШЕЙ ЖИЗНИ

Данная работа публикуется под ответственность Генерального Секретаря ОЭСР. Изложенные в ней мнения и приводимая аргументация могут не отражать официальных взглядов правительств стран – членов ОЭСР.

Настоящий документ и любые содержащиеся в нем данные и карты не затрагивают статуса территорий и их суверенитета, делимитацию государственных границ и пограничных линий, а также названия территорий, городов и областей.

Статистические данные по Израилю предоставлены компетентными органами Израиля под их ответственность. Использование этих данных ОЭСР не является отражением предвзятого отношения к статусу Голанских высот, Восточного Иерусалима и израильских поселений на Западном берегу согласно нормам международного права.

Примечание Турции
Информация, представленная в этом документе относительно «Кипра», касается южной части этого острова. Единый орган власти, который бы представлял как турецких, так и греческих киприотов, населяющих остов, отсутствует. Турция признает Турецкую Республику Северного Кипра. До тех пор, пока долговременное и равноправное решение не будет найдено в контексте ООН, Турция будет продолжать придерживаться этой позиции по «Кипрскому вопросу».

Примечание стран-членов ОЭСР, являющихся членами Европейского Союза, и Европейского Союза
Республика Кипр признана всеми членами ООН, кроме Турции. Информация, представленная в этом документе, касается территории, которая находится под действующим контролем правительства Республики Кипр.

При цитировании просьба ссылаться на настоящую публикацию:
OECD (2022), *Повышение эффективности продвижения инвестиций в Таджикистане*, OECD Publishing, Paris, https://doi.org/10.1787/b8985e3f-ru.

ISBN 978-92-64-51197-2 (печатное издание)
ISBN 978-92-64-44214-6 (pdf)
ISBN 978-92-64-92397-3 (HTML)
ISBN 978-92-64-47023-1 (epub)

Первоначально опубликовано ОЭСР на английском языке под заголовком: OECD (2022), *Enhancing Investment Promotion in Tajikistan*, OECD Publishing, Paris, https://doi.org/10.1787/1e3a7c4f-en.
Данный перевод был выполнен по заказу Директората международных отношений и сотрудничества (GRC)/Евразия, и его точность не может быть гарантирована ОЭСР. Единственными официальными версиями являются тексты на английском и/или французском языках.

Сведения об авторах фото: см. обложку © AlisaRut/Shutterstock.com.

Опечатки, которые имеются в опубликованных материалах, можно найти, пройдя по ссылке www.oecd.org/about/publishing/corrigenda.htm.

Предисловие

Таджикистан (Здесь и далее «Таджикистан» означает Республику Таджикистан) работает над улучшением инвестиционного климата и увеличением притока ПИИ. Наряду с этим власти все активнее принимают конкретные меры по привлечению капиталовложений, признавая, что лишь комплексный подход позволит заинтересовать потенциальных инвесторов.

В начале 2021 года была сформирована Рабочая группа ОЭСР (РГ) из числа государственных служащих и представителей частного сектора, призванная помочь в разработке целевых мер, которые лягут в основу инвестиционной политики Таджикистана. В 2021 году состоялось три заседания РГ в дистанционном формате под председательством первого заместителя председателя Государственного комитета по инвестициям и управлению государственным имуществом (ГКИУГИ), Хуршед Мирзо Файзуллозода. В РГ вошли служащие различных министерств, сотрудники Государственного комитета по инвестициям и управлению государственным имуществом (ГКИУГИ), инвесторы, члены деловых ассоциаций и неправительственных организаций, работающих в соответствующей сфере, а также представители организаций по экономическому развитию.

В докладе отражены результаты деятельности РГ, а также вклад иностранных экспертов из Казахстана, Франции и Грузии. Приведенные в документе итоговые рекомендации прошли паритетную оценку в ходе Круглого стола ОЭСР по повышению конкурентоспособности стран Евразии. Заседание состоился в конце 2021 года в дистанционном формате в рамках серии вебинаров Подразделения ОЭСР по работе со странами Евразии. В мероприятии примняли участие иностранные эксперты и представители стран-участниц ОЭСР и государств Центральной Азии.

Выражение признательности

В данном докладе подводятся итоги работы, проведенной в рамках Программы ОЭСР по повышению конкурентоспособности стран Евразии совместно с Правительством Республики Таджикистан и в тесном сотрудничестве с работающими в стране организациями по экономическому развитию, частными предприятиями и бизнес-ассоциациями. Проект, осуществлявшийся главным образом при финансовой поддержке Европейского Союза, является стратегическим компонентом программы «Центральная Азия Инвест». ОЭСР благодарит представителей министерств, частных структур, бизнес-ассоциаций, негосударственных организаций и других заинтересованных сторон за готовность предоставить ценную информацию, необходимую для подготовки данного доклада. С таджикской стороны за работой наблюдал его превосходительство первый заместитель премьер-министра Республики Таджикистан Давлатали Саид.

ОЭСР выражает признательность первому заместителю председателя Государственного комитета по инвестициям и управлению государственным имуществом Хуршеду Мирзо Файзуллозода и начальнику отдела единого окна по содействию инвесторам Мерали Бодуршозода, а также благодарит исполнительного директора ГУП «Таджинвест» Джавохирлала Музаффари и эксперта ГУП «Таджинвест» Ханса-Йоакима Зигерта. Кроме того, ОЭСР высоко ценит вклад первого заместителя председателя Налогового комитета при Правительстве Республики Таджикистан Аюбджона Маруфа Солехзода, заместителя начальника Управления международного сотрудничества Налогового комитета Умеджона Хайриддинова, заместителя министра финансов Юсуфа Маджиди и главы секретариата Консультативного совета по улучшению инвестиционного климата Нумона Абдугаффорзода.

Представители частного сектора и деловых ассоциаций внесли полезный вклад в ходе видеоконферении, особенно исполнительный директор Американо-Таджикского делового совета Елена Сон, председатель Торгово-промышленной палаты Таджикистана Джамшед Джумахонзода, а также руководитель проектной группы «Стратегический анализ цифровых возможностей Таджикистана» и эксперт по цифровому переходу Жан-Жак Кудела[1]. Кроме того, ОЭСР выражает признательность интервьюерам из частного сектора,, которые выделили время подготовке данного доклада.

Благодарности заслуживают иностранные эксперты, которые оказали значительное содействие при подготовке данного доклада: Торнике Зиракишвили из *Enterprise Georgia*, Филипп Ивернье из *Business France* и Диана Аблякимова из *Kazakh Invest*. Неоценимую поддержку Секретариату ОЭСР в Таджикистане оказала Вероника Грушевская.

Существенный вклад в работу над докладом внесли представители научного сообщества и организаций по экономическому развитию: экс-директор Всемирного банка в Таджикистане Ян Петер Ольтерс, экономисты ОБСЕ Нураддин Муршудлу и Филиппо Кривелларо, старший экономист Азиатского банка развития (АБР) Мухаммади Бобоев, а также Анвар Ибрагимов и Мадина Нурматова из МФК, Анель Пирмаханова и Нодира Мансурова из ЕБРР.

Настоящий доклад вышел в свет благодаря непрерывной финансовой и дипломатической поддержке Европейского союза. Выражаем признательность руководителю Главного управления по международному сотрудничеству и развитию Европейской комиссии (DG DEVCO) Пьеру Амиля, руководителю подразделения DG DEVCO по Ближнему Востоку, Центральной и Южной Азии Рафаэле Иодис, координатору DG DEVCO по экономическому развитию в Центральноазиатском регионе Даниелю Вайсу, программному менеджеру DG DEVCO Томасу Бойеру, руководителю отдела по развитию сотрудничества Представительства ЕС в Казахстане Йоханнесу Стенбеку Мадсену, программному менеджеру Представительства ЕС в Казахстане Сильвии Пьетропаоло, экс-руководителю отдела по развитию сотрудничества Представительства ЕС в Таджикистане Стефано Эллеро, нынешнему руководителю отдела по развитию сотрудничества Представительства ЕС в Таджикистане Марку Бухману и атташе Представительства ЕС в Таджикистане Франческо Страниеро.

Доклад составлен под руководством главы Секретариата ОЭСР по международным отношениям Андреаса Шааля и глава подразделения ОЭСР по работе со странами Евразии Уильяма Томпсона. Работы координировал руководитель отдела по работе со странами Центральной Азии Грегори Леконт. Основными авторами выступили экономические аналитики Подразделения ОЭСР по работе со странами Евразии Тализа цур Хаузен и Катрина Кеган при содействии младших экономических аналитиков Подразделения ОЭСР по работе со странами Евразии Алексиса Патена и Сезара Бернарда. С докладом ознакомились и внесли в него ценные замечания руководитель Подразделения ОЭСР по работе со странами Юго-Восточной Азии Александр Бёмер, заместитель руководителя отдела по Украине Пелин Атамер, заместитель руководителя отдела по Восточной Европе и Закавказью Франческо Альфонсо и экономист / экономический аналитик Подразделения ОЭСР по работе со странами Евразии Амелия Шурих. Итоговые редакторские правки и замечания по оформлению предложили Элиза Ларракоэчеа и Марьяна Танова из Подразделения ОЭСР по работе со странами Евразии.

Содержание

Рисунки

Блоки

Сокращения и условные обозначения

АБР	Азиатский банк развития
АПИ	Агентство по привлечению инвестиций
ВВП	Валовой внутренний продукт
ВТО	Всемирная торговая организация
ГКИУГИ	Государственный комитет по инвестициям и управлению государственным имуществом
ГП	Государственное предприятие
ДГЧС	Диалог между государством и частным сектором
ДИС	Двусторонние инвестиционные соглашения
ЕБРР	Европейский банк реконструкции и развития
ИАН	Инвестиционное агентство Нидерландов
ЛАК	Латинская Америка и страны Карибского бассейна
МВФ	Международный валютный фонд
МСП	Малые и средние предприятия
НДС	Налог на добавленную стоимость
НСР	Национальная стратегия развития
ОБСЕ	Организация по безопасности и сотрудничеству в Европе
ОЭСР	Организация экономического сотрудничества и развития
ПИИ	Прямые иностранные инвестиции
РГ	Рабочая группа
СЭЗ	Свободная экономическая зона
ТПП	Торгово-промышленная палата
ЭСКАТО	Экономическая и социальная комиссия ООН для Азии и Тихого океана
ЮНКТАД	Конференция ООН по торговле и развитию
ABA	Государственная организация *Austrian Business Agency*
BCG	Международная компания *Boston Consulting Group*
CRM	Управление взаимодействием с клиентами
GIZ	Немецкое общество по международному сотрудничеству (*Deutsche Gesellschaft für Internationale Zusammenarbeit*)
IDA	Государственное агентство промышленного развития Ирландии
KOTRA	Корейское агентство содействия торговле и инвестициям
LIAA	Латвийское агентство инвестиций и развития
SARIO	Словацкое агентство по привлечению инвестиций и развитию торговли
SEO	Поисковая оптимизация

WAIPA	Всемирная ассоциация инвестиционных агентств
$	доллар США (валюта)

Основные факты и цифры по Таджикистану

Численность населения, 2020 г.	9, 475 млн чел. (МВФ)
Площадь, 2020 г.	141 400 км[1] (Всемирный банк)
ВВП (в текущих ценах), 2020 г.	8 млрд. долларов США[1] (Министерство финансов)
ВВП на душу населения (в текущих ценах), 2020 г.	849 долларов США[2] (Министерство экономического развития и торговли)
Прирост реального ВВП (за год), 2020 г.	4,5% (МВФ)
Доля первичного сектора экономики в ВВП, 2020 г.	23,8% (Всемирный банк)
Доля вторичного сектора экономики в ВВП, 2020 г.	32,8% (Всемирный банк)
Доля третичного сектора экономики в ВВП, 2020 г.	35,3% (Всемирный банк)
Инфляция (средние потребительские цены, за год), 2020 г.	9,4% (TAJSTAT)
Официальный валютный курс (таджикский сомони / доллар США), 2020 г.	9,53 (TAJSTAT)
Валютный курс по ППС (таджикский сомони / доллар США), 2020 г.	2,3 (МВФ)
Экспорт товаров и услуг (% ВВП), 2020 г.	17,0% (Всемирный банк)
Импорт товаров и услуг (% ВВП), 2020 г.	38,2% (Всемирный банк)
Текущий платежный баланс (% ВВП), 2019 г.	-2,283% (МВФ)
Накопленные ПИИ, 2019 г.	3,128 млрд. долларов США (ЮНКТАД)
Накопленные ПИИ (% ВВП), 2019 г.	38.2% (ЮНКТАД)
Чистый приток ПИИ, 2019 г.	213 млн долларов США (Всемирный банк)
ПИИ, чистый приток (% ВВП), 2019 г.	2,5% (Всемирный банк)
Расходы государственной казны (% ВВП), 2020 г.	29,7% (МВФ)
Доходы государственной казны (% ВВП), 2020 г.	25,3% (МВФ)
Общегосударственное чистое кредитование / заимствование (% от ВВП), 2019 г.	-2,1% (МВФ)
Государственный долг (% ВВП), 2019 г.	44,1%[3] (МВФ)
Уровень экономической активности (% лиц в возрасте от 15 лет), 2020 г.	41,5% (Всемирный банк)
Уровень безработицы (% трудоспособного населения, по оценке МОТ), 2020 г.	7,2%[4](Министерство финансов)
Поступление личных денежных переводов (% ВВП), 2020 г.	26,7%
Уровень бедности (за национальной чертой бедности), 2020 г.	26,3% (Всемирный банк)
Процентная ставка по кредитам, 2020 г.	23,6% (Всемирный банк)
Общее количество МСП, 2019 г.	30 000 (ЕБРР)

Общее количество госпредприятий, 2019 г.	920 (ЕБРР)
Общее количество акционерных обществ, 2019 г.	140 (ЕБРР)
Официальная помощь в целях развития в чистом выражении (% ВНД), 2020 г.	3,8% (Всемирный банк)

1. 8,19 млрд по данным МВФ
2. 851,11 по данным МВФ
3. 7,3% по данным Министерства финансов Таджикистана
4. 7,5% по данным Всемирного банка

Краткий обзор

Таджикистан признает ПИИ важнейшим компонентом государственной стратегии экономического развития, однако испытывает трудности с привлечением достаточного количества инвестиций в несырьевые отрасли. ПИИ способны помочь стране достичь ряда экономических целей, включая создание новых рабочих мест, диверсификацию экономики и развитие частного сектора. В связи с этим увеличение притока иностранных капиталовложений может стать важным шагом на пути к восстановлению государственной экономики и проведению структурных преобразований. Однако, несмотря на то что на законодательном уровне инвестиционные проекты допускаются в большинстве отраслей экономики, Таджикистан еще не сполна реализовал свой инвестиционный потенциал, а основная часть поступающих в страну ПИИ направляется в горнодобывающую промышленность. Необходимо увеличить приток ПИИ и диверсифицировать их источники и целевые отрасли.

Действия, предпринимаемые специальным инвестиционным агентством в целях привлечения капиталовложений, принесут плоды в том случае, если их будут дополнять другие меры по совершенствованию инвестиционной базы в целом. Значимость агентств по привлечению инвестиций (АПИ) во всем мире возрастает в свете того, что пандемия, по всей вероятности, ужесточит конкуренцию на мировом рынке ПИИ и отрицательно скажется на готовности инвесторов идти на риск. Более активное привлечение инвестиций имеет особое значение для Таджикистана: поскольку потенциальным зарубежным инвесторам все еще мало что известно о стране, им требуется выделять определенные ресурсы, чтобы собрать информацию о том, какие перспективы и трудности их могут ожидать. Эффективное АПИ, действуя на опережение, способно упростить им задачу. Кроме того, ему под силу сократить их издержки: для этого достаточно помочь сориентироваться в сложной и подчас непредсказуемой правовой среде.

В настоящем документе приводится анализ текущей ситуации и предлагаются рекомендации, которые позволят помочь Таджикистану повысить эффективность мер по привлечению капиталовложений и увеличить приток ПИИ за счет: 1) проведения мероприятий по продвижению инвестиций; 2) оптимизации соответсвующей институциональной структуры; 3) оказания инвесторам поддержки и представления их интересов.

В первую очередь рассматривается непосредственная работа по привлечению инвестиций. В настоящее время инвесторам бывает довольно трудно найти сведения об инвестиционных возможностях в Таджикистане. Здесь помогла бы более устойчивая репутация инвестиционно привлекательной страны, для чего необходимо четко и последовательно освещать преимущества Таджикистана на электронных площадках. Кроме того, целесообразно определить точный круг отраслей, в которые стоит привлекать капиталовложения: при ограниченных ресурсах это немаловажно. АПИ Таджикистана стоит меньше полагаться на времязатратные, но не самые эффективные методы (такие, как организация мероприятий общего характера). Некоторые простые и потенциально действенные решения, в том числе хорошо продуманный сайт и грамотно составленная база данных, позволили бы ответственным органам самостоятельно выходить на перспективных инвесторов.

Далее затрагивается вопрос институциональной структуры. В настоящее время в Таджикистане имеется один ключевой орган, занимающийся инвестиционными вопросами. Государственный комитет по инвестициям и управлению государственным имуществом (ГКИУГИ) отвечает за привлечение и развитие инвестиций. При нем действует ГУП «Таджинвест», которое выполняет ряд важнейших функций. Помимо этого, привлечением инвестиций и поддержкой инвесторов в отдельных отраслях занимаются департаменты профильных министерств. Некоторые инвесторы признаются, что им бывает трудно разобраться в полномочиях и направлениях деятельности вышеуказанных учреждений, и это порой вызывает замешательство и снижает эффективность. Оптимизация и уточнение функций данных ведомств поможет прояснить сферу их компетенции для заинтересованных сторон. Кроме того, в данный момент Таджикистану не хватает единой инвестиционной стратегии, предусматривающей четкие цели и средства их достижения. Она позволила бы компетентным органам принимать слаженные, скоординированные и целенаправленные меры.

И наконец, что касается поддержки инвесторов и представления их интересов, имеются сведения, что потенциальные и действующие инвесторы сталкиваются в ходе инвестиционного процесса с существенными процедурными и правовыми препонами. АПИ Таджикистана выделяют немалые средства на оказание содействия в данных вопросах, однако порой инвесторы находят его недостаточным. ГКИУГИ активно оказывает общую постинвестиционную поддержку и готов помочь в урегулировании определенных проблем, однако инвесторы сообщают о том, что точно не знают, когда и как туда обращаться при возникновении конкретных спорных вопросов (связанных с налогообложением, проверками, получением разрешительной документации и так далее). Поддержание хороших отношений с действующими инвесторами посредством предложения организационного содействия и постинвестиционного обслуживания способно изменить ситуацию к лучшему. В частности, необходимо постоянно поддерживать связь с инвесторами, чтобы вовремя выявлять и устранять недостатки инвестиционного климата.

Чрезвычайно важно, чтобы наряду с работой по укреплению системы стимулирования инвестиций в стране продолжались реформы, направленные на улучшение инвестиционного климата в целом. За последние годы Таджикистан упростил правовое регулирование во многих сферах, принял меры к снижению административной нагрузки на бизнес и основательно пересмотрел налоговый кодекс. Все это – шаги в верном направлении, и даже после того, как удастся оптимизировать стратегии и институты привлечения инвестиций, путь должен быть продолжен.

Введение

Главные факторы экономического роста Таджикистана

По официальным оценкам, с начала века ВВП рос в среднем на 7,7% в год (см. Рисунок 1), хотя в последнее десятилетие, когда экономика восстановилась после советской эпохи, рост несколько замедлился. До сентября 2021 года рост реального ВВП составил 8,9%, поскольку страна оправилась от потрясений 2020 года, связанных с пандемией COVID-19 (World Bank, 2021[1]) (OECD, 2021[2]). В период с 2000 по 2021 годы ВВП в ценах 2010 года вырос с 2,6 млрд долларов США до 10,9 млрд долларов США. В результате с 2000 года по 2019 год доля населения, проживающего за национальной чертой бедности, сократилась с 83% до 26,3% (World Bank, 2019[3]; World Bank, 2021[4]). Тем не менее имеется возможность увеличить показатели экономического роста: так, ВВП на душу населения по ППС в 2020 году оценивался на уровне 3 858 доллара США (в ценах 2017 года) (World Bank, 2020).

Рисунок 1. Динамика ВВП Таджикистана за 1988-2020 гг. и структура ВВП в 2019 г.

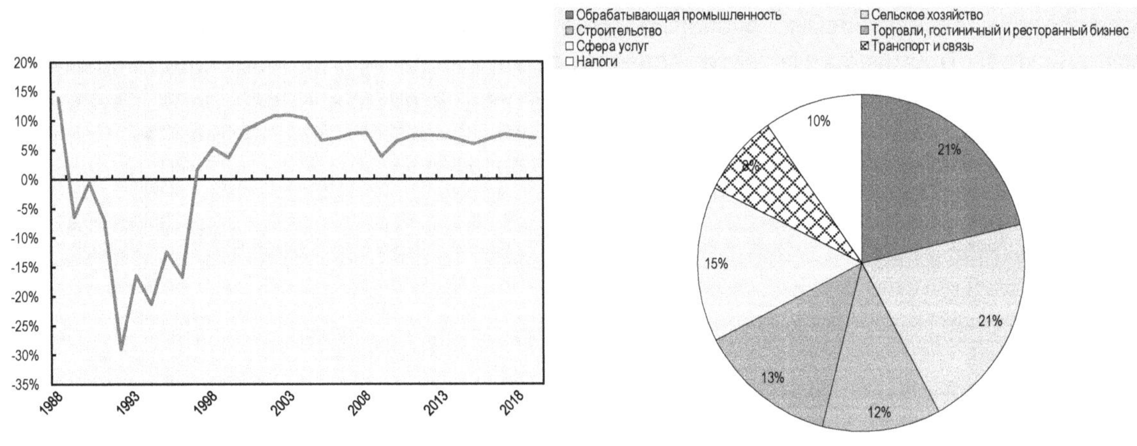

Источники: (World Bank, 2019[5]; Agency on Statistics under the President of Tajikistan, 2020[6])

Положительная динамика в значительной степени объясняется большим объемом государственных капиталовложений в крупные инфраструктурные проекты. Однако придерживаться такого подхода в долгосрочной перспективе трудно, поскольку общая сумма государственной задолженности с середины 2010-х годов значительно выросла (с 28% ВВП в 2014 году примерно до 44% к 2019 году), сократив бюджетные возможности правительства (IMF, 2021[7]). Это ясно указывает на необходимость привлекать больше частных инвестиций – задача непростая, но открывающая перед Таджикистаном большие возможности.

Денежные переводы от трудовых мигрантов, работающих за рубежом, составляют существенную часть дохода страны: 26,7% ВВП в 2020 году (Agency on Statistics under the President of Tajikistan, 2020[6]). Часть денежных переводов идет на накопления или инвестиции, но 57% расходуются на текущие нужды. Кроме того, со временем эта доля существенно изменяется в зависимости от событий, происходящих за рубежом (см. Рисунок 2). Увеличение притока ПИИ, особенно в те отрасли экономики, в которых может появиться больше рабочих мест с более высокой производительностью, сможет заметно снизить степень восприимчивости страны к внешним экономическим потрясениям, влияющим на экспортные цены или денежные переводы.

Рисунок 2. Динамика цен на нефть и поступление в Таджикистан денежных переводов от трудовых мигрантов (2002-2020 гг.)

Источники: (World Bank, 2021[8]; OECD, 2021[9])

В 2020 году в связи с пандемией COVID-19 экономический рост в Таджикистане замедлился до 4,5%. Ограничение мобильности рабочей силы и экономической активности привело к снижению объема денежных переводов, ослаблению потребительского спроса и сокращению инвестиций (OECD, 2020[10]; World Bank, 2020[11]). Несмотря на кризис, рост ВВП к сентябрю 2021 года, по оценке Агентства по статистике при Президенте Республики Таджикистан, составил 8,9% (ADB, 2021[12]).

Инвестиционные тенденции в Таджикистане

В 1999-2019 годах ежегодный приток ПИИ составлял в среднем 4,3% ВВП (см. Рисунок 3), что ниже среднего значения для стран Евразии, с которыми сотрудничает ОЭСР (6,3%), но близко к среднему показателю по региону (5,1%), без учета главных экспортеров нефтегазовой отрасли2. В результате в 2020 году объем накопленных ПИИ в Таджикистане равнялся 38,65% ВВП, а в среднем по Центральной Азии – 55,84% (UNCTAD, 2020[13]). В долларовом выражении сумма накопленных ПИИ в Таджикистане до пандемии составляла 3,1 млрд долларов США (UNCTAD, 2020[13]). В то же время, по данным ГКИУГИ, начиная с 2001 года в страну было привлечено иностранных инвестиций на сумму 150 млрд сомони, или 14 млрд долларов США (как в виде ПИИ, так и прочие виды иностранных капиталовложений). Однако в 2020 году приток ПИИ сократился на 53%3 (больше, чем предполагаемое глобальное падение на 42%). В 2021 году в мире началось восстановление потоков инвестиций, хоть и неравномерное, и все же дальнейшие перспективы пока неясны (как для Таджикистана, так и для мира в целом) в силу порожденной пандемией неопределенности будущего хода восстановления экономики (UNCTAD, 2021[14]). При этом ситуация, сложившаяся в мире из-за пандемии, может открыть перед страной новые возможности в сфере ПИИ, так как компании стремятся достичь большей стабильности за счет географической диверсификации, в частности сокращения расходов, а также аутсорсинга задач в ближнее и дальнее зарубежье, что в первую очередь скажется на государствах с развивающейся экономикой, таких как Таджикистан (OECD, 2020[15]).

Рисунок 3. Приток ПИИ (% ВВП), скользящее среднее за 3 года

Источник: (World Bank, 2021[16])

Как и в других странах региона, после мирового финансового кризиса 2008-2009 годов приток прямых иностранных инвестиций (ПИИ) уменьшился (см. Рисунок 3). Поступления из РФ, ранее являвшейся главным инвестором Таджикистана, так и не вернулись на прежний уровень, поскольку российская экономика продолжает испытывать на себе влияние низких цен на углеводороды и введенных Западом санкций. Однако в 2010-е годы возросший объем ПИИ из Китая позволил исправить положение, и теперь эта страна стала основным источником ПИИ (см. Рисунок 4). Приток ПИИ остается относительно концентрированным в разрезе секторов..

Государственное финансирование стало основным источником инвестиций в таджикскую экономику (в 2020 году на частный капитал пришлось лишь 25% всех вложений), поэтому поддержку получили приоритетные отрасли государственной экономики, в частности алюминиевая и хлопчатобумажная промышленность, а также энергетика (Santander Trade, 2021[17]). В 2018 году в горнодобывающей промышленности был сосредоточен 61% всех ПИИ (221 млн долларов США) (World Bank, 2020[11]). Согласно сведениям, предоставленным ГКИУГИ, во время пандемии данный показатель практически не изменился (64%), хотя в абсолютном выражении сумма уменьшилась, что соответствует общей тенденции к снижению притока ПИИ на первых этапах коронавирусного кризиса. Пока ПИИ сосредоточены в добывающем секторе, их объем будет связан в большей мере с мировым спросом и ценами на сырьевые товары, чем с инвестиционным климатом как таковым (EBRD, 2020[18]).

Рисунок 4. Приток ПИИ в Таджикистан (2009-2020 гг.): основные страны и отрасли (в абсолютном выражении, доллары США)

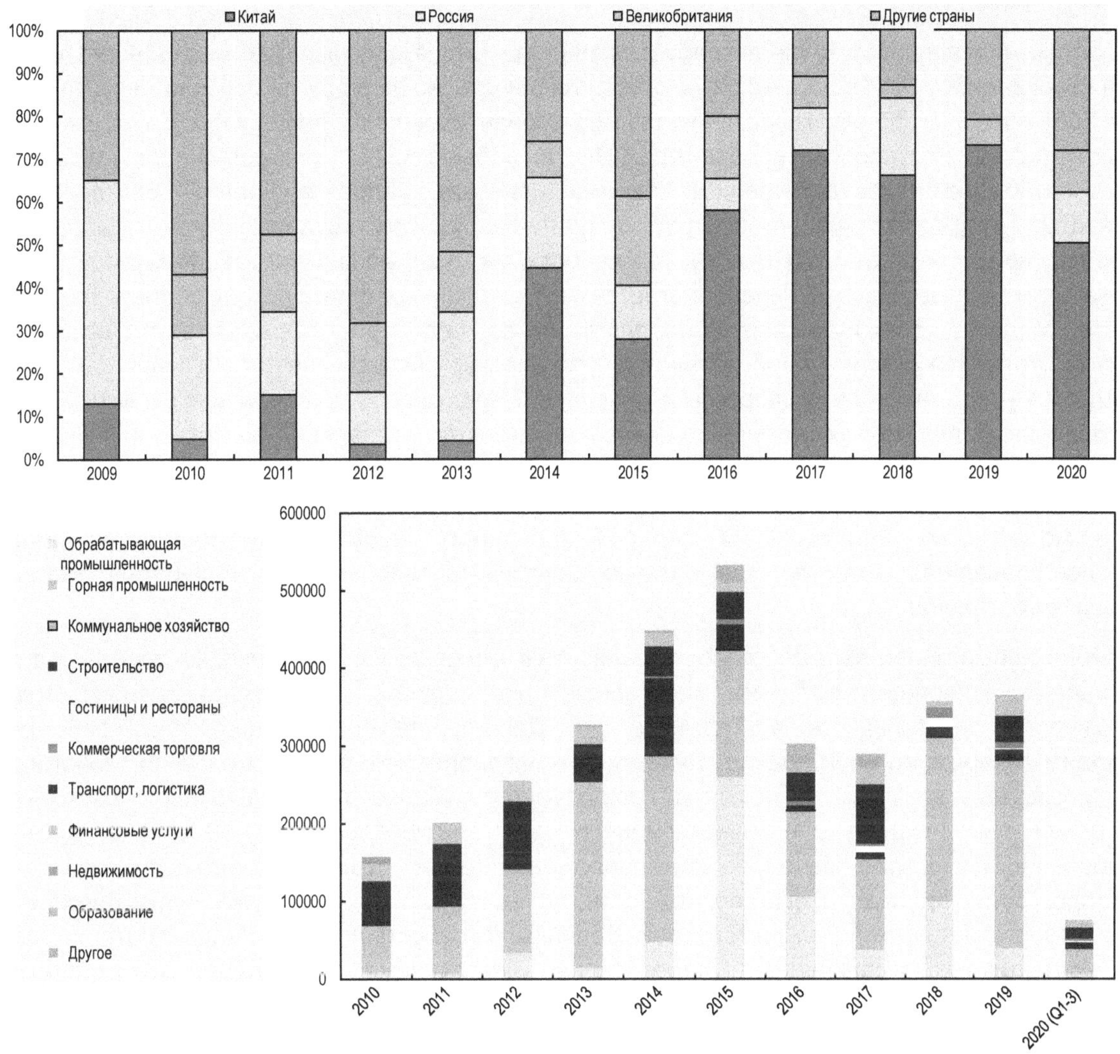

Источник: компиляция данных по Таджикистану из ежегодных докладов Государственного департамента США об инвестиционном климате; (National Bank of Tajikistan, 2020[19])

Таджикистан выиграет от более диверсифицированного притока ПИИ

В свете немногочисленности альтернативных внутренних государственных или частных источников капитала, а также необходимости оправиться от пандемии, перед Таджикистаном стоит вопрос диверсификации ПИИ (Embassy of Switzerland in Tajikistan, 2020[20]; OECD, 2020[10]; OECD, 2021[2]). Существует множество веских причин, по которым стране следует диверсифицировать ПИИ, в частности привлекать капиталовложения в обрабатывающую промышленность и другие несырьевые отрасли. Это не только ослабит зависимость от колебаний цен на сырьевые товары, но и будет способствовать образованию новых официальных рабочих мест, которые принесут пользу государственной экономике. Ресурсодобывающая отрасль скорее капиталоемкая, чем трудоемкая, на нее приходится относительно небольшая доля работающего населения. Косвенным результатом диверсификации ПИИ станет расширение возможностей для трудоустройства, а также развитие предпринимательства и малого бизнеса вследствие усиления связи с поставщиками. Отечественные предприятия смогут стать звеньями международных производственных цепочек МНК, и как следствие, у них появятся новые рынки сбыта. Как правило, этому сопутствует обмен знаниями и технологиями.

Для достижения подобной цели потребуется принять ряд экономических мер. Многие страны успешно привлекают ПИИ в добывающую промышленность, но не в другие отрасли. В связи с этим может быть полезна условная классификация ПИИ (ориентированные на ресурсы, рынок и высокую продуктивность). Ресурсоориетированные ПИИ в добывающую промышленность в каком-то смысле напоминают государственные закупки, так как недра являются собственностью государства. Государство и инвестор знают, что им нужно, поэтому государство может выбрать, кто из конкурирующих инвесторов (то есть, в сущности, конкурирующих поставщиков услуг) будет извлекать первичные ресурсы. Предполагается, что выбранный инвестор осуществит то, что он заранее согласовал с государством. Зачастую возникает недоверие, так как власти считают, что инвестор стремится освоить принадлежащие государству ресурсы, но он им необходим из-за имеющегося у него капитала, экспертизы и так далее. Нередко соглашение можно заключить, даже если доверия мало, так как потенциальная выгода высока, а главные факторы, влияющие на экономическую составляющую проекта, хорошо известны. В данном случае Таджикистан не является исключением. Дополнительные вложения в те отрасли ресурсного сектора, в которых страна может стать региональным лидером (например, алюминиевая промышленность и гидроэлектроэнергия), позволят повысить их конкурентоспособность и полностью раскрыть имеющийся потенциал.

Продукция добывающей промышленности зависит от мировых цен на сырьевые товары, однако иностранные инвестиции в другие многообещающие отрасли позволят диверсифицировать экономическую деятельность в Таджикистане. Для привлечения таких капиталовложений необходим совершенно иной подход. Инвестиции, направляемые в другие отрасли экономики и ориентированные на рынок и высокую продуктивность, более тесно связаны с состоянием институциональной структуры и инвестиционной политикой. В данном случае о потенциальной рентабельности и перспективности капиталовложений трудно судить заранее. Это значит, что инвесторы сами создают новые возможности, а не конкурируют за уже существующие, а государство в ответ должно демонстрировать большую готовность пойти на риск и снижение каких-либо нормативных ограничений. Следовательно, необходимо не столько контролировать иностранных инвесторов, сколько доверять им. Убеждение, что инвестора якобы интересуют только местные ресурсы и потому необходимо внимательно следить за каждым его шагом, не позволит привлечь потенциально продуктивные капиталовложения. Более того, если речь идет не о крупном иностранном инвесторе, он скорее будет полагаться на общие условия делового и инвестиционного климата в стране, чем на специальные механизмы, такие как концессии или договоры о разделе продукции. К тому же у таких инвесторов чаще всего недостаточно внутренних ресурсов, чтобы компенсировать недостаточный уровень общественных благ (безопасности, инфраструктуры и так далее). Это значит, что другие виды ПИИ зависят от общего делового климата гораздо больше, чем капиталовложения в масштабные ресурсные проекты.

Если говорить об инвестициях, ориентированных на высокую продуктивность, то перспективными отраслями в Таджикистане представляются переработка сельскохозяйственной продукции, нефтехимическая промышленность и туризм. Следует четко определить, какие именно отрасли обладают привлекательным ценностным предложением и в то же время соответствуют целям экономического развития Таджикистана, а затем уже соответствующим образом вести целенаправленную работу с инвесторами.

Для обоих типов инвестиций важнейшую роль играют демографические показатели и предложение на рынке труда. В последние пять лет численность населения стабильно росла на 2,4%. Однако в 2020 году доля рабочей силы составила 41,5%, что значительно меньше, чем в среднем по ОЭСР (61,1% в том же году) и в соседних странах, таких как Кыргызстан (58,81% в 2018 году) или Казахстан (69% в 2020 году). В связи с этим следует хорошо продумать меры в области занятости населения, чтобы увеличить долю рабочей силы и создать необходимый кадровый потенциал в отраслях, которые могли бы процветать с притоком новых иностранных инвестиций. Учитывая, что рынок в Таджикистане по мировым меркам невелик, немаловажную роль играет региональная интеграция: деятельность по привлечению ПИИ с большей вероятностью обернется успехом, если условия для экспорта будут более многообещающими.

В настоящее время главным источником экспортных доходов являются природные ресурсы Таджикистана, особенно золото, серебро и сурьма. Однако рентабельность некоторых секторов можно повысить за счет дополнительных инвестиций, что делает доступ к международному финансированию крайне важным. Традиционные направления экономической деятельности, такие как алюминиевая промышленность или гидроэлектроэнергия, сильно зависят от мировых цен на сырьевые товары, тогда как иностранные инвестиции в новые многообещающие отрасли (переработку сельскохозяйственной продукции, нефтехимию и туризм) помогли бы диверсифицировать экономику. Для того чтобы привлечь необходимые ПИИ в перспективные отрасли, правительству следует сформулировать и широко освещать их преимущества, а впоследствии соответствующим образом вести целенаправленную работу с инвесторами.

Привлечение инвестиций как часть мер по диверсификации производства, занятости и экспорта

Будучи сравнительно небольшим государством в самом сердце Центральной Азии, Таджикистан сравнительно мало известен потенциальным инвесторам во многих регионах мира;. Они могут не знать о существующем потенциале и не иметь опыта ведения дел в стране. Следовательно, для того, чтобы определить возможности и сориентироваться в инвестиционных процедурах, им требуется провести тщательное исследование. Одни могут отправиться за информацией непосредственно в интересующую их страну, а другие – обратиться к опыту тех, кто прошел этот путь до них, и в этом смысле инвесторам не интересно выступать «первопроходцами» (вторичный эффект от их деятельности пойдет на пользу потенциальным конкурентам). Кроме того, их не беспокоит вопрос об оказании положительного воздействия на таджикские предприятия. Все это подтверждает необходимость принятия мер на государственном уровне (OECD, 2018[21]; OECD & Inter-American Development Bank, 2019[22]).

Централизованные АПИ могут сыграть решающую роль в преодолении таких неблагоприятных рыночных факторов, путем *продвижения и содействия* инвестициям (OECD, 2019[23]; OECD, 2015[24]). Что касается *продвижения* инвестиций, АПИ обычно поддерживают престиж государства и ведут информационную работу, в том числе через собственные сайты, маркетинговые брошюры и специальные мероприятия, такие как выездные презентации, форумы и деловые встречи за границей. Тем самым они формируют представление о том, что в экономику их страны можно выгодно вложить средства. Кроме того, АПИ проводят информационные кампании среди потенциальных инвесторов. Для того чтобы *стимулировать* капиталовложения, АПИ оказывают административное содействие не только потенциальным, но и существующим инвесторам, чтобы побудить последних к повторному вложению средств и поддержать хорошую репутацию страны. Тесное взаимодействие с инвесторами позволяет АПИ выявлять трудности, с которыми те сталкиваются, и доводить это до сведения политиков, тем самым улучшая общий инвестиционный климат.

Доклад, основанный на опыте ОЭСР в сфере АПИ, поможет правительству Таджикистана реализовать свои цели по увеличению и диверсификации ПИИ и дальнейшему улучшению инвестиционного климата

Правительство Таджикистана признало привлечение иностранных инвестиций и формирование благоприятного делового климата в качестве приоритетных задач в Национальной стратегии развития (НСР) до 2030 года и в Программе среднесрочного развития на 2021-2025 годы. В НСР поставлена цель привлечь 55 млрд долларов США в виде ПИИ к 2030 году.

Для достижения такой амбициозной цели государство провело ряд нормативно-правовых реформ, призванных улучшить инвестиционный климат (OECD, 2021[2]). Помимо прочего, осуществлено упрощение административных требований, в том числе уменьшено количество лицензий и разрешений с 605 до 64 и облегчен процесс их получения. Для повышения эффективности регулирования и сокращения административной нагрузки на бизнес введен особый механизм, согласно которому кандидаты для проведения проверки отбираются в зависимости от степени риска; учрежден координационный совет; с января 2019 года действует мораторий на проведение проверок бизнеса. На сайте tajtrade.tj представлена подробная информация об импорте и экспорте различных товаров, в том числе сведения о необходимой документации. Кроме того, Таджикистан добился значительных успехов в части, касающейся упрощения доступа к кредитным средствам. Многочисленные реформы планируются или уже проводятся в таких сферах, как юриспруденция, государственные закупки и налогообложение.Формально Таджикистан в значительной мере открыт для инвестиций (OECD, 2021[2]). Согласно составляемому ОЭСР Индексу регуляторных ограничений для ПИИ, который отражает степень законодательных препятствий для иностранных инвестиций, показатели страны по большинству отраслей близки к среднему значению государств, не входящих в ОЭСР, и в целом соответствуют результатам соседей по региону. Действительно, в Таджикистане нет законов, ставящих иностранных инвесторов в заведомо невыгодное положение, накладывая особые условия для осуществления ПИИ в какие-либо отрасли экономики либо ограничивая или запрещая их вовсе (OECD, 2021[2]).

Рисунок 5. Индекс ОЭСР по регуляторным ограничениям для ПИИ за 2019 г.: отраслевые ограничения в Таджикистане

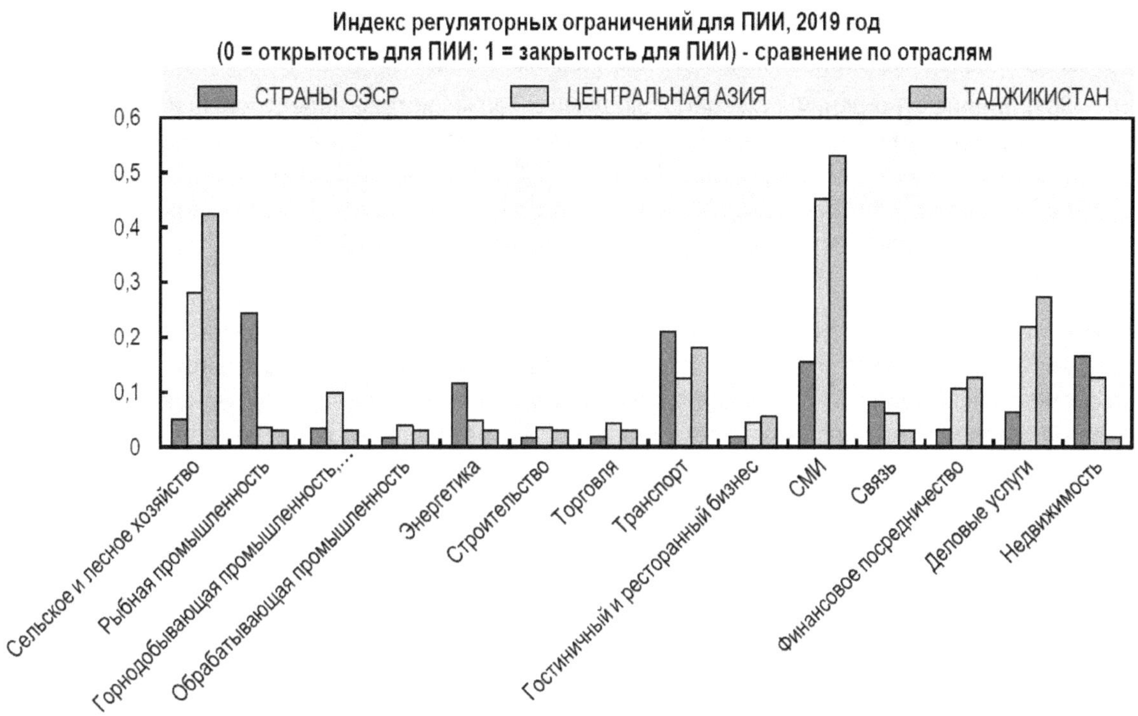

Примечание: открытость для ПИИ = 0, закрытость для ПИИ = 1
Источник: Индекс регуляторных ограничений для ПИИ

В настоящий момент Таджикистан занимает 104-е место в Индексе глобальной конкурентоспособности Всемирного экономического форума (Schwab, 2019[25]).Крайне важно, чтобы АПИ Таджикистана воспользовались моментом, поставив инвесторов в известность о новых возможностях и оказав им помощь в преодолении существующих препон. Авторы данного документа убеждены, что обновленная и реалистичная стратегия, предусматривающая способы привлечения и стимулирования капиталовложений, поможет Таджикистану заинтересовать инвесторов и убедить их по-прежнему вкладывать средства даже в разгар затяжного кризиса. Однако данные меры следует принимать в контексте конкретных шагов по оптимизации правовых основ предпринимательской деятельности, о чем говорится и в публикации ОЭСР «Совершенствование правовой среды предпринимательства в странах Центральной Азии» (OECD, 2021[2]). Успеха можно добиться лишь в том случае, если инвестиционный климат будет действительно привлекателен для инвесторов. В сложившейся ситуации чем-либо компенсировать его недостатки невозможно.

Основываясь на опыте АПИ в странах ОЭСР и государствах-партнерах, авторы документа предлагают следующие рекомендации:

I. Осведомление инвесторов о сильных сторонах Таджикистана, формирование образа инвестиционно привлекательной страны путем проведения четкой, последовательной информационной работы и использования электронных площадок. Учитывая нагрузку на государственную казну и необходимость диверсификации экономики, АПИ Таджикистана имеет смысл выбрать приоритетные с инвестиционной точки зрения отрасли и сосредоточить ограниченные ресурсы именно на них. Систематизация обмена информацией об инвесторах посредством базы данных и работа с целевой аудиторией помогут привлечь продуктивные инвестиции.

II. Внесение ясности в институциональную структуру во избежание дублирования или пересечения функций различных ведомств и принятие стратегии, соответствующей меняющимся потребностям и задачам Таджикистана.

III. Сохранение отношений с уже работающими в Таджикистане инвесторами и стимулирование повторных капиталовложений за счет оказания логистического содействия и постинвестиционной поддержки. Главным образом необходимо наладить тесную связь с инвесторами, чтобы вовремя выявлять слабые стороны инвестиционного климата и предлагать государственным органам обоснованные рекомендации по инвестиционной политике.

Помимо конкретных рекомендаций, в настоящем докладе освещается ряд комплексных аспектов, касающихся всех рассматриваемых тем (см. раздел «Направление дальнейших действий»): соблюдение рекомендаций на межведомственном уровне; наращивание потенциала сотрудников АПИ в целях успешного выполнения рекомендаций, несмотря на ограниченный штат специалистов; учет опыта других стран для осуществления предложенных рекомендаций и внедрения лучших практик в будущем.

Рекомендация 1. Использование единых предложений для инвесторов и надлежащего инструментария в работе АПИ по привлечению инвестиций

Проблема: отсутствуют четко сформулированные предложения и эффективные цифровые инструменты для установления контакта с инвесторами

Снижение эффективности работы по продвижению инвестиций в Таджикистан из-за неоднозначности ценностного предложения для инвесторов и узкого определения приоритетных отраслей

Таджикистану следует эффективнее работать над своим репутационным образом, чтобы сделать его узнаваемым в глазах большинства потенциальных иностранных инвесторов. Создание такого образа требует наличия четко сформулированного единого представления о том, что конкретно страна может предложить инвесторам, то есть заманчивого ценностного предложения. Три основные особенности Таджикистана, привлекательные для инвесторов, согласно ответам ГКИУГИ в опросном листе ОЭСР за 2021 год, это макроэкономическая и политическая стабильность, молодая и образованная рабочая сила, а также упорядоченная нормативно-правовая среда. Однако эти положительные стороны не сформулированы конкретно или сравнительно и необязательно являются теми преимуществами, которые выделили бы сами инвесторы. К тому же не прослеживается явной связи между преимуществами, которые Таджикистан считает основными, и выбранными им приоритетными отраслями (промышленность, энергетика, транспорт и пищевая продукция (Government of Tajikistan, 2012[26]).

АПИ в странах ОЭСР уже уделяют приоритетное внимание меньшему числу секторов в ответ на пандемию.. В то же время изменение экономических условий, к которому привела пандемия, дает шанс пересмотреть реалии и приоритеты экономики (OECD, 2020[15]). Таким образом, наличие узкого и конкретного перечня приоритетных отраслей, соответствующих возможностям страны, и последовательное распространение этого перечня должны стать важнейшей составляющей маркетинговой стратегии Таджикистана, направленной на инвесторов. Когда основные предложения будут сформулированы, а приоритетные отрасли выбраны, Таджикистан сможет на их основе разрабатывать маркетинговые материалы и мероприятия более четкой направленности.

Маркетинг, направленный на инвесторов, в Таджикистане не содержит единых и конкретных предложений и сведений

В Таджикистане отсутствует стратегия, которая бы направляла маркетинг и налаживание контактов с инвесторами. Планы действий по продвижнию инвестиций, как правило, включают в себя маркетинг, создание национального бренда и налаживание контактов с инвесторами на основе детально проработанного поэтапного подхода. «Концепция государственной политики привлечения и защиты инвестиций» (2012 год) – основной на данный момент документ, регулирующий вопросы стимулирования инвестиций в Таджикистане, – таких составляющих не имеет (Government of Tajikistan, 2012[26]; UNCTAD, 2016[27]). За отсутствием стратегии, позволяющей координировать деятельность различных агенств, адресованная инвесторам информация носит непоследовательный характер, особенно в отношении приоритетных отраслей (см. Блок 1).

В ходе обследования АПИ, проведенного ОЭСР, представители Таджикистана указали, что проводят обширную работу в области создания репутации и маркетинга, расходуя на это 20% бюджета, тогда как в странах Евразии данные расходы составляют 34%, а в странах ОЭСР – 18%. Работа включает в себя многочисленные вебсайты по продвижению инвестиций в Таджикистане, использование международных и национальных СМИ, регулярный выпуск рекламно-информационных материалов, организацию мероприятий для связей с общественностью (OECD, 2020[28]).

Основные инструменты маркетинга, направленного на инвесторов, в Таджикистане – справочник инвестора, содержащий общие сведения о инвестиционных возможностях и инвестиционном климате страны. Имеются и другие презентационные материалы, которые, как правило, демонстрируются на деловых форумах и других мероприятиях с участием инвесторов (UNCTAD, 2016[27]; OECD, 2020[28]). В этих материалах отсутствует понятная информация логистического характера, ярким примером чего являются таджикские сайты по привлечению инвестиций. Сайты, которые нередко становятся для инвесторов первым и основным источником информации, не дают единообразного представления об инвестиционных возможностях Таджикистана, а самые важные факты разбросаны по разным разделам (см.Блок 1). Большинство сайтов и публикаций в СМИ подчеркивают улучшение делового климата в стране (Mirsaidov, 2021[29]), что, бесспорно, должно воодушевить инвесторов, однако это – лишь необходимое условие для инвестиций, которое само по себе никак не может считаться ценностным предложением. Инвесторам необходима возможность находить информацию, которая поможет им заключить, что Таджикистан – подходящее место для производства товаров или оказания услуг в определенной отрасли.

Блок 1. Обзор таджикских сайтов, предназначенных для инвесторов

В Таджикистане существует несколько сайтов по инвестиционным вопросам. В числе их преимуществ можно отметить, как правило, современный внешний вид и значительное количество материалов на английском и русском языках, в том числе информацию об инвестиционных возможностях и правовые документы, которые можно скачать.

- Сайт B2b.tj создан ГУП «Таджинвест» при поддержке ОБСЕ и GIZ. Его главное достоинство – подробная информация о правовой среде, изложенная в разделе «Бизнес-путеводитель». К примеру, инвесторы без труда могут найти интересующие их сведения об экспорте при помощи интерактивного инструмента, позволяющего провести быстрый поиск по типам товара или операции. В то же время многие страницы раздела плохо поддерживаются; ссылка для входа в полезный интерактивный подраздел «Руководство для иностранных инвесторов» в июле 2021 года была недействительной, и хотя позднее, в августе, она заработала, оказалось, что подраздел оформлен на русском языке, даже если вход осуществляется через англоязычную версию сайта. На сайте перечислены инвестиционные проекты в различных отраслях экономики, но не вполне понятно, насколько регулярно обновляется эта информация, поскольку перечень проектов совершенно не совпадает ни с тем, что представлен на «Инвестиционной карте» ГКИУГИ (map.investcom.tj), ни с перечнем на официальном сайте самого ГУП «Таджинвест». Информация о каждой отрасли содержит ряд основных фактов, списки приоритетных направлений и описание инвестиционных преференций, но в ней нет ни одного весомого аргумента, убеждающего инвесторов, что именно в Таджикистане инвестиции в данную конкретную отрасль выглядят перспективней, чем в конкурирующих странах. Информация о таджикских предприятиях, которая, по-видимому, должна помочь в выборе партнеров, чаще всего представлена только на русском языке. В разделе новостей часто появляются новые статьи, но на русском языке их гораздо больше, чем на английском.
- Tajinvest.tj – официальный сайт ГУП «Таджинвест». При всей его внешней привлекательности трудно понять, актуальна ли еще изложенная там информация. Списки приоритетных отраслей и инвестиционных проектов практически не совпадают с представленными на сайтах b2b.tj или investcom.tj, а также в других государственных документах (перечень приоритетных отраслей соответствует приведенному в отчете «Инвестиционные возможности Таджикистана» за 2019 год, который был подготовлен ГУП «Таджинвест», но размещен только на сайте ГКИУГИ). Раздел «Почему Таджикистан?» также датирован 2019 годом. Подробную информацию об инвестиционных возможностях можно скачать только на русском языке, тогда как сайт b2b.tj дает возможность скачать подобные файлы и на английском. Все это наводит на мысль, что сайт не обновлялся уже два года, исключая новостной раздел, который полностью дублируется аналогичным разделом на b2b.tj. Поскольку «Таджинвест» участвует в управлении b2b.tj, возможно, есть смысл объединить эти два сайта и ликвидировать Tajinvest.tj. Правительство назвало переход на цифровые технологии приоритетом предстоящего десятилетия, однако на сайте Tajinvest.tj не значится ни одного проекта, который относился бы к цифровой инфраструктуре.
- Investcom.tj – сайт ГКИУГИ. У комитета весьма разнообразный круг полномочий, а потому инвестициям посвящена лишь часть официального сайта. Детальное, по сравнению с другими сайтами, изложение информации о приоритетных отраслях (например, о пчеловодстве) производит приятное впечатление, хотя ряд отраслей описан в более

общем ключе или даже включает в себя другие (как, например, сельское хозяйство). Такое описание, особенно с подробной информацией, по сути, содержит более действенные ценностные предложения, чем на других сайтах, например, сообщая о доступности земельных угодий и кормовой базы для пчеловодства. Кроме того, на сайте имеется удобная инвестиционная карта с довольно подробными сведениями об инвестиционных возможностях страны, но возможности эти не соответствуют указанным на сайте b2b.tj. К сожалению, лишь малая часть приведенной на сайте информации является актуальной, судя по всему: страницы с перечнем услуг инвесторам и описанием приоритетных отраслей, согласно временным меткам, последний раз обновлялись в 2018 году. Смущает также наличие двух списков проектов, один из которых перечисляет «приоритетные инвестиционные проекты» и датирован 2020 годом, а другой составлен в 2018 году. Пользоваться сайтом не очень удобно, поскольку для того, чтобы найти раздел о приоритетных отраслях, необходимо вернуться на главную страницу.

- Министерство экономического развития и торговли активно популяризирует свободные экономические зоны (СЭЗ), общие сведения о которых можно найти на упомянутых выше сайтах. Существует единый портал fez.tj. Там представлена полезная для инвесторов информация (правда, по состоянию на 2017 год, поэтому данные могли устареть) по таким темам, как налогообложение, трудовые отношения, услуги и соответствующее законодательство. Инвесторы могут найти конкретные сведения на отдельных сайтах СЭЗ, но они различаются как по качеству, так и по заполнению. В настоящее время Министерство экономики при поддержке ПРООН ведет разработку сайтов для отдельных СЭЗ, включая справочные материалы для привлечения иностранных инвесторов.

Источники: (SCISPM, TajInvest, GIZ, & OSCE, 2019[30]; SPISPM, 2018[31]; TajInvest, 2019[32]; FEZ "Dangara", 2018[33]; FEZ "Panch" & OSCE, 2009[34])

Таджикистану недостает инструментов для налаживания индивидуальных контактов с инвесторами

В сфере налаживания контактов с инвесторами в Таджикистане дело обстоит так же, как и с маркетинговой стратегией: применяемый подход требует значительных затрат и носит излишне общий характер. ГКИУГИ расходует внушительные средства на мероприятия широкого охвата (отраслевые презентации, бизнес-форумы, торговые выставки), зарубежные делегации, двусторонние встречи с потенциальными инвесторами. Комитет проводит выставки, организует поездки бизнес-делегаций, заключает соглашения о сотрудничестве с другими странами (OECD questionnaire, 2021). В организации многих мероприятий принимают участие другие государственные органы. К примеру, Торгово-промышленная палата (ТПП) регулярно проводит выставки, в которых активно участвует ГКИУГИ, занимаясь дальнейшим взаимодействием с инвесторами, у которых возник интерес к стране; организации более узкого профиля, как, например, Министерство сельского хозяйства, участвуют в мероприятиях, соответствующих их сфере деятельности (OECD questionnaire, 2021).

В то же время работа органов правительства по привлечению инвестиций не всегда ориентирована на определенные страны и компании, хотя инициативный подход позволил бы повысить вероятность успеха, предположительно, снизив при этом затраты (OECD, 2020[28])

Большинство инвесторов уже работали в других странах Центральной Азии и решили изучить перспективы, открывающиеся в остальных странах региона. Например, *Coca Cola* действует в Таджикистане, Киргизии и Казахстане. В свете этого Таджикистан мог бы провести исследование, выяснить, кто из инвесторов уже присутствует в регионе, и связаться с ними напрямую (см.

«Рекомендацию 2Б»). Компании «зеленой» энергетики в Казахстане (например, *Visor International DMCC* и *Risen Solar Technology*), а также гостиничные компании в Кыргызстане (в том числе *Novotel* и *Hyatt Regency*), по роду своей деятельности вполне соответствуют заявленным Таджикистаном приоритетам, то есть гидроэнергетике и туризму (Agency for the Promotion and Protection of Investments of the Kyrgyz Republic, 2021[35]; Kazakh Invest, 2021[36]).

Сотрудничество ГКИУГИ с сетью таджикских посольств и консульств также может быть усилено для проведения эффективной работы по привлечению инвесторов за пределами Таджикистана. Визовый режим упростили за последние годы, и теперь инвесторы, как и любые частные лица, могут подать заявление и оплатить визовый сбор через электронную систему.

Рекомендация 1А. Четкое определение целевых отраслей, на привлечении инвестиций в которые будет сосредоточена работа

Реалистичный экономический анализ должен стать основой маркетинга Таджикистана для инвесторов и выбора целевых отраслей

Первый шаг к привлечению инвесторов – информировать их о существующих в Таджикистане возможностях, применяя для этого как методы общего маркетинга, так и проактивный подход к рекламно-информационной работе. А для этого АПИ необходимо определить основные достоинства своей страны. Если надо, чтобы меры по привлечению инвестиций носили реалистичный характер и, соответственно, увенчивались успехом, на первое место должны быть поставлены экономические реалии о целях развития или политических программах (OECD, 2015[37]; WAIPA, 2020[38]; World Bank, 2020[39]). Три основные категории преимуществ, интересующие инвесторов, это ресурсы, рынок и высокая производительность. Те, кто заинтересован в ресурсах, обращают внимание на особенности окружающей среды и рынок труда; заинтересованные в рынке ищут возможности для сбыта своей продукции, которые создаются за счет пробелов в местном производстве и системах снабжения; интересующихся продуктивностью привлекут низкие операционные расходы и другие факторы, увеличивающие производительность, – например, человеческий капитал (Wadhwa and Reddy, 2011[40]). Подчеркивая достоинства Таджикистана в каждой из данных областей, в идеале, надо противопоставлять их конкурирующим странам, однако в ряде случаев сотрудничество с соседями инвесторам представляется более выгодной особенностью, нежели энергичная конкуренция. Учитывая малые размеры экономики Таджикистана и других стран Центральной Азии, сотрудничество может означать более обширные рынки, перспективы достижения экономии за счет масштаба производства и наличие трансграничной инфраструктуры (Center for Regional Economic Competitiveness, 2021[41]; Carole Biau, 2015[42]; OECD, 2020[28]). Помимо этого, ценностное предложение обязательно должно быть реалистичным, то есть основываться на точных данных и наглядно показывать, почему и как достоинства Таджикистана и услуги его АПИ смогут компенсировать инвестору недостатки рынка или делового климата либо отставание от конкурирующих стран (UN ESCAP, 2019[43]; Clarity Business Strategies, 2018[44]).

Блок 2. Демонстрация достоинств Чили в национальных рекламных материалах

Веб-страница чилийского АПИ *ChileInvest* «Почему выгодно инвестировать в Чили» перечисляет уникальные сравнительные преимущества страны. Все они основаны на реальных данных и иллюстрируются фактами из различных сфер и отраслей, в том числе путем противопоставления другим странам региона. Например,:

- Природные ресурсы: «Чили располагает 54% мировых запасов лития и занимает в регионе первое место по производству солнечной энергии».
- Правовая база: «Чили является участником 25 международных торговых соглашений и заключило договоры об избежании двойного налогообложения с 64 странами».
- Экономические условия: «Чили – экономика номер один среди членов ОЭСР в Южной Америке».
- Трудовые ресурсы: «В Чили проживает 200 000 высококвалифицированных работников».
- Инфраструктура: «В Чили на 100 человек приходится 125,4 активных мобильных телефонов ».

Приводятся и дальнейшие подробности о различных отраслях. К примеру, заявление Чили о высококачественном человеческом капитале имеет форму *противопоставления* («к нам съезжаются талантливые специалисты со всего региона», «позиции латиноамериканского лидера в сфере образования») и подкреплено *количественными данными*:

- «30 из 150 лучших университетов региона (THE 2019)».
- «+1 268 000 студентов вузов и +244 000 выпускников ежегодно (Mineduc 2019)»
- «В период с 2009 по 2019 годы число заявлений на выдачу временных виз с правом на работу возрастало на 34% ежегодно. В отношении виз, выдаваемых при условии трудоустройства, годовой прирост составил 93%».
- «Программа привлечения талантов *Visa Tech*, запущенная в июле 2017 года, способствует привлечению в Чили зарубежных специалистов по ИТ и квалифицированного технического персонала для сферы международных услуг».

Приводятся и *качественные данные*, полученные в виде отзывов:

- «Три ключевых аспекта: наличие качественных кадров, политическая и экономическая стабильность, инфраструктура. Когда мы рассматривали инвестиционные перспективы, Чили получило высокую оценку по всем этим пунктам». (Пабло Девото, исполнительный председатель *Nestle Chile*)
- «IBM уже давно работает в Чили, и мы постоянно продолжаем инвестировать в эту страну. Ресурсы, кадры, стабильность, разумная политика и заинтересованность правительства в привлечении иностранных инвестиций – все это вдохновляет на дальнейшее расширение сотрудничества». (Кэтлин Колуччи, вице-президент по развитию продаж IBM, США)

Источник: (InvestChile, 2021[45])

Понимание сильных сторон Таджикистана позволит определить наиболее перспективные целевые отрасли. Список целевых отраслей должен быть достаточно конкретным, чтобы использовать ресурсы, выделяемые на работу по привлечению инвестиций, с максимальной отдачей: конкретика помогает АПИ сосредоточить усилия на тех отраслях, которые имеют больше шансов привлечь инвесторов и принесут наибольшую выгоду экономике Таджикистана. Согласно одному исследованию, средства, затраченные АПИ на маркетинг с отраслевой направленностью, принесли плоды в виде инвестиций, по объему превысивших затраты почти в 200 раз (Harding and Javorcik, 2012[46]).

Источниками информации для составления списка возможных приоритетных отраслей АПИ могут послужить ранее проведенные исследования и анализ, мнения экспертов, обсуждения с действующими инвесторами (WAIPA, 2020[38]; OECD, 2018[21]). Качественные данные можно подкреплять количественными, для чего проводится анализ рынка. В основе удачного выбора целевых отраслей лежит сочетание различных национальных активов, необходимых для работы данной конкретной отрасли, и одной-единственной причины инвестировать в отрасль еще не достаточно (Center for Regional Economic Competitiveness, 2021[41]).

Когда предварительный перечень целевых отраслей будет составлен, следует более подробно проанализировать возможности, которые Таджикистан может предложить инвесторам в той или иной отрасли, и выбрать более узкие направления деятельности, предлагающие максимум перспектив. К примеру, исследования и анализ позволят установить, не может ли производство сухофруктов оказаться более подходящей целевой отраслью, чем пищевая промышленность в целом, поскольку здесь у Таджикистана есть ряд сравнительных преимуществ (например, высококачественное и недорогое фруктовое сырье). В документе ОЭСР «Стратегия повышения отраслевой конкурентоспособности», подготовленном для Казахстана, и составленном ЮНКТАД отчете по итогам обзора инвестиционной политики Кыргызстана можно найти примеры рыночного анализа сравнительных преимуществ, позволяющего выбрать приоритетные отрасли для привлечения инвестиций (OECD, 2010[47]; UNCTAD, 2016[48]).

Блок 3. Стратегия повышения конкурентоспособности в Казахстане

В 2010 году ОЭСР проделала большую работу для определения приоритетных отраслей экономики Казахстана. Составление предварительного списка перспективных отраслей началось с интервью с заинтересованными сторонами, включая министерства, иностранных инвесторов и посреднические организации между бизнесом и органами власти. Все отрасли были переведены в стандартную систему классификации – «Классификатор видов экономической деятельности Европейского союза» (NACE). Затем ОЭСР изучила количественные данные об экономической конкурентоспособности каждой отрасли и ее возможного вклада в достижение поставленных Казахстаном целей развития. В число переменных, учитываемых при оценке экономической перспективности отрасли, входили, в частности, стоимость труда, внутреннее потребление продукции и наличие необходимых факторов производства, включая потребность в электроэнергии. В числе переменных для оценки привлекательности отрасли с точки зрения развития страны учитывались, например, уровень занятости в отрасли, создаваемая добавленная стоимость на одного работника, индекс инновационной деятельности. По итогам анализа выбирались отрасли, показавшие себя наиболее перспективными как с экономической точки зрения, так и с точки зрения национального развития. Наконец, результаты были продемонстрированы заинтересованным сторонам, чтобы получить от них качественные данные, которые могли остаться за рамками количественного анализа.

Одной из выбранных отраслей стала логистика в сельском хозяйстве. Это конкретный выбор: одно определенное направление деятельности в рамках обширной индустрии. Детальный анализ отрасли показал, как следует сформулировать ценностное предложение Казахстана (которое, впрочем, стало бы еще лучше, если бы подавалось в виде противопоставления другим странам):

- Выгодное географическое положение – между Европой и Азией;
- Развитая сеть автомобильных и железных дорог;
- Два крупных логистических центра для оказания складских услуг, в том числе российско-казахстанский проект, и планы по созданию третьего центра, чтобы улучшить логистические взаимодействия с Китаем; а также
- Рост показателей финансовых результатов логистической отрасли в Казахстане, которые за последние восемь лет увеличились вдвое.

При этом в стратегии честно указывались недостатки отрасли и возможные способы их устранения, что для инвесторов имеет большое значение. К примеру, в отчете рекомендовалось повышать качество дорог и увеличивать доступность авторефрижераторов.

Источник: (OECD, 2010[47]).

Определенность в отношении узкоспециальных приоритетных отраслей, стран и сроков сделает меры по привлечению инвестиций целенаправленными и максимально рентабельными

Последним шагом становится окончательный выбор отраслей, обеспечивающих как уникальные, по сравнению с другими странами, возможности, так и соответствие целям развития страны (Center for Regional Economic Competitiveness, 2021[41]). АПИ должно выбрать не более 3-5 узких направлений деятельности (Byrne, 2016[49]; World Bank, 2020[39]). Это не означает, что Таджикистан должен отвергать другие возможные ПИИ, если появятся заинтересованные инвесторы, но все же ресурсы, выделяемые на инициативное привлечение инвестиций, в первую очередь должны расходоваться на работу, касающуюся приоритетных направлений (World Bank, 2020[39]). К примеру, грузинская стратегия привлечения инвестиций предусматривает две категории отраслей, которым стоит уделять основное внимание: 1) приоритетные отрасли – отрасли, которые *Invest in Georgia* активно рекламирует, и 2) поддерживаемые отрасли, то есть отрасли, которыми инвесторы уже заинтересовались, но нуждаются в содействии, чтобы начать работу в стране.

После выбора отраслей, возможно, придется еще больше сузить область работы по привлечению инвестиций, ориентируясь на приоритетные страны и проекты. Уже существует ряд критериев, которыми Таджикистан пользуется для определения приоритетности проектов, но для большей точности анализа их список можно расширить. К примеру, АПИ Украины принимает в расчет горизонт инвестирования (то есть инвестиционный период), а также участие компании в процессе интернационализации и способ выхода на рынок. Грузинское АПИ включило в перечень критериев размер компании. При этом оба АПИ уделяют внимание и такому фактору, как приоритетность страны происхождения инвестора (OECD, 2020[28]). К примеру, Таджикистан мог бы выбрать целевым инвестором Южную Корею, недавно вложившую средства в таджикское хлопчатобумажное производство (SugdNEWS, 2020[50]). Кроме того, полезно было бы соотнести приоритетные отрасли с приоритетными странами. При этом в равной степени могут учитываться факторы предложения (заинтересованность инвесторов) и спроса (польза для Таджикистана). К примеру, если рассматривать вопрос с точки зрения предложения, то европейские страны могут заинтересоваться возобновляемыми источниками энергии, а с точки зрения спроса очевидно, что некоторые страны Азии могли бы дать таджикским производителям необходимые тем современные технологии (WAIPA, 2020[38]). Инвестиционные брошюры со сравнительными ценностными предложениями для конкретных желаемых проектов также помогут привлечь инвесторов (WAIPA, 2020[38]).

Наконец, может возникнуть необходимость в установлении различных сроков в зависимости от целевых отраслей. Одни могут быть уже готовы к инвестициям, тогда как другие еще находятся в процессе средне- и долгосрочных реформ. Некоторые АПИ предпочитают институционализировать эти приоритеты через различные подразделы или сотрудников, ответственных за каждый сектор (OECD, 2018[21]). Эффективно работающая система приоритетов, рассчитанная на долгосрочную перспективу, зависит от мониторинга и оценки количества и воздействия инвестиций в каждом приоритетном секторе, поэтому Таджикистан должен быть готов к сбору таких данных (OECD, 2020[15]).

Рекомендация 1Б. Использование цифровых инструментов в целях сокращения расходов и повышения эффективности

Повышение инвестиционной привлекательности путем сравнительно простых усовершенствований на сайтах АПИ

Таджикистану рекомендуется уделить внимание задаче по объединению и обновлению существующих сайтов. В период пандемии значение виртуальных средств связи с инвесторами возросло, поскольку исчезла возможность личных взаимодействий (WAIPA, 2020[38]). Сайт для привлечения инвестиций может быть внешне простым, с минимумом графики и небольшими объемами текста, при условии что он соответствует таким основным критериям, как точность и актуальность информации, удобство пользования и наличие перевода (UN ESCAP, 2019[43]; Kaymaz, 2019[51]). Все материалы должны быть на английском языке, а еще лучше, если будет присутствовать и китайский – язык крупнейшего инвестора Таджикистана (Byrne, 2016[49]). Предпочтительнее иметь лишь один сайт для инвесторов; при наличии нескольких сайтов необходимо следить, чтобы они не противоречили друг другу. В частности, это может подразумевать упрощение подачи и удаление информации, мало относящейся к делу, чтобы организации – владельцы сайтов могли уделить внимание регулярному обновлению материалов (включая наличие действительных ссылок) в основных темах: ценностном предложении для инвесторов, приоритетных отраслях, инвестиционных возможностях и логистических вопросах, включая правовую среду и услуги АПИ. Стоит отметить, что ни один из сайтов, рассмотренных в Блоке 1, не содержит информации, связанной с COVID-19, хотя это тоже важная тема, сведения по которой необходимы инвесторам.

В основе тематического содержания сайта должно быть последовательное информирование о Таджикистане. На главной странице должно быть четко указано, в чем заключается инвестиционная привлекательность Таджикистана, а последовательное использование соответствующих ключевых слов в различных разделах сайта станет его дополнительным достоинством, поскольку будет способствовать поисковой оптимизации (анг. SEO) (IBT Partners, 2020[52]; Byrne, 2016[49]). Приоритетным отраслям (списки которых на всех сайтах государственных организаций должны совпадать) необходимы отдельные страницы с изложением конкретных ценностных предложений и преимуществ каждой отрасли (по возможности, оцениваемых с позиций финансовой выгоды), таких, как цены на землю и местный уровень оплаты труда (OECD, 2018[21]; Clarity Business Strategies, 2018[44]; UN ESCAP, 2019[43]).

Кроме того, важную роль играет контактная информация, чтобы АПИ Таджикистана смогли приступить к непосредственному налаживанию индивидуального контакта с инвесторами. По данным отчета за 2012 год, лишь 24 из 181 АПИ (13,3%) отвечали на запросы, поступившие через их сайты, своевременно и по существу (World Bank, 2020[39]). На сайтах Таджикистана указана контактная информация, но и этот аспект можно улучшить, указав, куда и к кому обращаться в связи с той или иной отраслью (WAIPA, 2020[38]). Если сделать так, чтобы посетители сайта должны были оставлять определенную информацию о себе, дальнейшее взаимодействие с ними станет проще. И даже если посетители не оставляют своих контактных данных, анализ посещаемости, позволяющий, к примеру, узнать страну местонахождения посетителей, уже может помочь в выборе направлений работы.

Блок 4. Интерактивная карта инвестиционных возможностей Египта – отличный способ донести информацию до инвесторов

Если позволяют время и средства, сайт можно снабдить более передовыми интерактивными инструментами, которые помогут инвесторам быстрее находить информацию. В настоящий момент на сайте ГКИУГИ размещена карта инвестиционных проектов, оформленная только на одном языке – английском (map.investcom.tj). Это прекрасная идея, тем более что карта имеет ряд полезных функций – например, возможность выставить фильтр по отрасли. Выбрав проект, инвестор видит дальнейшую информацию на английском языке, касающуюся самого проекта и предлагаемых льгот. Однако, в силу недостатка взаимодействия между организациями, указанные инвестиционные возможности не соответствуют предлагаемым на сайтах b2b.tj или Tajinvest.tj. Поэтому возникает вопрос, какой же из этих перечней актуален (и актуален ли хоть один). Таджикистану рекомендуется рассмотреть возможность усовершенствования инвестиционной карты по образцу египетского инструмента.

АПИ Египта предлагает вниманию инвесторов карту, где вкратце изложена важная правовая информация, систематизированная по географическому признаку – например зонам. Это весьма актуально для Таджикистана, поскольку в нем много СЭЗ, и на территории каждой действуют свои правила и льготы для инвесторов. Кроме того, на египетской карте указано местонахождение объектов, которые могут быть важны для инвесторов, то есть аэропортов и университетов. И если в Таджикистане карта переадресует всех заинтересованных инвесторов на общий электронный почтовый ящик ГКИУГИ, то в Египте она дает контактную информацию для прямой связи с государственной организацией, в ведении которой находится проект. Карта является динамической и позволяет региональным должностным лицам (в случае Таджикистана это могли бы быть администрации СЭЗ) без труда добавлять сведения о новых возможностях, не дожидаясь утверждения в центральном АПИ, и это позволяет постоянно сохранять актуальность информации.

Источник: (OECD, 2020[53]).

Цифровые инструменты, способные помочь в налаживании индивидуальных контактов с инвесторами, повышают вероятность инвестиций

Формирование общей репутации страны (например, посредством специализированного сайта) играет важную роль, однако эффективные АПИ в дополнение к этому проявляют инициативу в установлении связей с потенциальными инвесторами в приоритетных отраслях (Kaymaz, 2019[51]). Можно рассматривать это как субсидию на выбор местоположения – своего рода компенсацию дополнительных расходов, которые, по мнению инвестора, он понесет, став «первопроходцем» в такой относительно малоизвестной для него стране, как Таджикистан (OECD & Inter-American Development Bank, 2019[22]). Почти половина (47%) АПИ в странах ОЭСР занимается налаживанием прямых контактов с выбранными инвесторами (OECD, 2018[21]).

Таджикистану, чтобы заняться этим, необходимо для начала составить список потенциальных инвесторов – в менеджменте этот процесс называется лидогенерацией (UN ESCAP, 2019[43]). Первым шагом станет поддержание постоянного диалога с зарубежными компаниями, уже работающими в Таджикистане (например *Coca Cola*), и теми, кто сам обращается через сайт. В числе других методов поиска компаний можно отметить публикации отраслевой направленности, коммерческие базы данных (например *Hoovers*), посреднические организации между бизнесом и органами власти, инвесторов в соседних странах. Последний вариант представляется особенно перспективным для Таджикистана. Для установления связи с инвесторами можно использовать региональные инвестиционные форумы (в том числе виртуальные, которые требуют гораздо меньше затрат как от организаторов, так и от инвесторов), что способствует координации инвестиционной политики и позволяет подчеркнуть потенциальные преимущества для инвесторов в региональном аспекте (например, возможности экономии за счет масштабов); такой подход уже доказал свою эффективность в Сообществе развития Юга Африки и Ассоциации государств Юго-Восточной Азии (Byrne, 2016[49]; Kaymaz, 2019[51]; Carole Biau, 2015[42]). Когда список будет составлен, его можно сократить при помощи простого поиска в интернете: уточнить, какую продукцию компании выпускают, где находятся их производства и рынки сбыта, куда они уже инвестировали средства, каковы объявленные ими планы на будущее (Kaymaz, 2019[51]). Собранные сведения сопоставляются с ценностным предложением Таджикистана относительно отрасли, чтобы понять, отвечают ли возможности страны потребностям инвестора.

Кроме того, разумно рассматривать потенциальных инвесторов как клиентов и включать их в систему управления взаимодействием с клиентами (CRM) наподобие *SalesForce* еще до того, как они примут решение об инвестиции. Это позволит АПИ следить за актуальностью контактной информации в будущем и обращаться к ним с индивидуальными предложениями в случае появления соответствующих инвестиционных возможностей (Loewendahl and Bryan, 2019[54]). АПИ должно сформировать для себя график взаимодействий с потенциальными инвесторами, включая частоту обращений, чтобы поддерживать ненавязчивый, но постоянный контакт с высокопоставленными руководителями компаний (Caribbean Export Development Agency, 2014[55]; Kaymaz, 2019[51]). Подобная база данных пригодится и для работы с действующими инвесторами: АПИ, имеющие системы CRM, могут обеспечить действующим и потенциальным инвесторам взаимодействие и поддержку в изменчивых обстоятельствах, связанных с пандемией (OECD, 2020[15]).

Когда инвестор заинтересовался таджикским проектом и приступил к изучению его подробностей, применение цифровых инструментов может способствовать принятию решения. Стандартная база наиболее важных документов с интернет-доступом и четко регламентированные рабочие процедуры для сотрудников АПИ позволят оперативно отвечать на вопросы и давать справки (World Bank, 2020[39]). В условиях длящейся пандемии, а равно и впоследствии (в силу большей экономичности для обеих сторон), становятся необходимыми системы связи в форме видеоконференции и виртуальных посещений (OECD, 2020[53]).

Подход к взаимодействиям с потенциальными инвесторами должен быть рассчитан на долгосрочную перспективу, поскольку до появления подходящего проекта или момента могут пройти годы, да и без этого принятие инвестиционных решений – долгий процесс (WAIPA, 2020[38]). Не все в процедуре налаживания контактов с инвесторами можно (и нужно!) перевести в электронную форму. В дополнение к надежной системе CRM, точной и полезной информации на сайтах требуется личное общение, помогающее сформировать доверие и укрепить сотрудничество (Tsimal, 2020[56]). К цифровому инструментарию надо добавить человеческий фактор, для поддержания порядка и системы в работе закрепляя за каждым потенциальным инвестором, выбранным по описанной выше методе, одного из сотрудников АПИ в качестве персонального менеджера (OECD, 2018[21]). Наем соответсвующего персонала для проведения маркетинговых и брендинговых мероприятий станет важнейшим приоритетом в ближайшие годы, особенно обладание передовыми цифровыми навыками, необходимыми для продвижения Таджикистана в качестве инвестиционного направления (UNCTAD, 2016[27]; OECD, 2020[28])

Рекомендация 2. Оптимизация институциональной структуры и инвестиционной стратегии

Проблема: Сложность институциональной структуры, лежащей в основе продвижения инвестиций

Продвижением инвестиций в Таджикистане занимаются несколько ведомств с многочисленными и пересекающимися функциями

Основную ответственность за привлечение инвестиций в Таджикистане несет одно учреждение, некоторую роль в данной сфере играют и несколько других государственных ведомств. Главным образом эти функции сосредоточены у ГКИУГИ, который отвечает за разработку и реализацию инвестиционной политики, и у «Таджинвеста» – государственного унитарного предприятия при ГКИУГИ. В то же время свободные экономические зоны (СЭЗ), являющиеся неотъемлемой частью системы привлечения инвестиций, находятся в ведении Министерства экономического развития и торговли. Это же министерство проводит мероприятия по продвижению инвестиций в СЭЗ, организуя круглые столы и другие мероприятия при участии инвесторов и представителей ГКИУГИ и ГУП «Таджинвест». Аналогичным образом Министерство финансов и Министерство промышленности и новых технологий совместно с бизнес-ассоциациями проводят кампании, направленные на привлечение инвестиций в соответствующие отрасли экономики. Как и СЭЗ, региональные инвестиционные организации тоже периодически устраивают подобные мероприятия и оказывают содействие инвесторам на своей территории. В целях представления интересов инвестиционного сообщества и поддержания взаимодействия между государством и частным сектором Таджикистан учредил Консультативный совет по улучшению инвестиционного климата под председательством ГКИУГИ.

В настоящее время у ГКИУГИ 12 направлений работы, что гораздо больше, чем в среднем у аналогичных организаций в странах Евразии (6,5) и ОЭСР (5,7) (OECD, 2020[28]). Помимо иностранных инвестиционных проектов, ГКИУГИ отвечает за управление государственными предприятиями, приватизацию, поддержку МСП и частного предпринимательства, а с 2018 года руководит еще и бизнес-инкубатором. Функции ГУП «Таджинвест» сводятся к привлечению инвестиций, но на практике он сейчас в основном оказывает отечественным предприятиям услуги по развитию бизнеса (УРБ) (Tajinvest, 2021; OECD interviews, 2021).

ГКИУГИ как учредитель обладает более широкими законными полномочиями. Согласно утвержденному правительством уставу, он играет ведущую роль в разработке инвестиционной политики, ведет самостоятельные переговоры с инвесторами по поводу заключения соглашений, предоставляет им все необходимые документы и разрешения по принципу «единого окна», защищает их законные интересы, занимается привлечением капитала и координирует инвестиционный процесс совместно с другими государственными ведомствами (Government of the Republic of Tajikistan, 2006[57]).

«Таджинвест» может лишь консультировать инвесторов по правовым, налоговым, операционным и деловым вопросам, а также заниматься реализацией политики, утвержденной ГКИУГИ.

У инвесторов сложилось впечатление, что ГКИУГИ отвечает за государственные инвестиции, тогда как «Таджинвест» имеет дело с частным капиталом, однако такое разграничение не закреплено в законе и фактически противоречит самому мандату ГКИУГИ как органа, привлекающего капиталовложения и оказывающего содействие *всем* инвесторам (OECD interviews, 2021).

Организационные реформы, возможно, внесли еще большую неясность в задачи и полномочия инвестиционных ведомств. Служащим соответствующих органов могут быть ясны их функции и обязанности, однако инвесторы отметили, что толком не знали, к кому, например, обращаться по правовым вопросам, касающимся их капиталовложений. В ГКИУГИ, учрежденном в 2006 году, реорганизация проводилась пять раз за последние десять лет. При этом ему были поручены дополнительные функции; в частности, с 2017 года, он стал выступать в роли «единого окна». Инвестиционные агентства должны адаптироваться к изменяющейся полтичекой среде, однако, чтобы не дезориентировать инвесторов и осуществлять эффективное долгосрочное планирование, все же требуется определенная институциональная стабильность. По результатам проведенного ОЭСР исследования АПИ, организационные реформы довольно часто проводятся в странах Евразии, что отражает перемены в правительстве и необходимость приспосабливаться к новым экономическим условиям. Поэтому нет ничего удивительного в том, что главной проблемой АПИ в данном регионе считается «непостоянство или несоответствие полномочий» (OECD, 2020[28]).

Хотя многочисленные функции ГКИУГИ, от приватизации до развития МСП, могут иметь синергию с продвижением инвестиций, важно обеспечить, чтобы ресурсы, выделяемые ГКИУГИ, соответствовали его разнообразным и многочисленным обязанностям.

ГУП «Таджинвест» заметно сместило акцент на содействие развитию отечественных предприятий (тренинги, консультационные услуги), что представляется более перспективным с финансовой точки зрения направлением, и все же это не приносит достаточного дохода, чтобы налаживать контакты с инвесторами и эффективно позиционировать страну (UNCTAD, 2016[27]).

Кроме того, Таджикистан мог бы извлечь большую пользу из повышения квалификации и опыта сотрудников АПИ, особенно опыта работы в частном секторе. Так, специалисты, ранее трудившиеся в государственном секторе, составляют 87% штата ГКИУГИ и ГУП «Таджинвест» (см. Рисунок 6), что может сказываться на работе комитета в тех сферах, где пригодились бы навыки, приобретенные в частном секторе (UNCTAD, 2016[27]; OECD, 2020[28]). Значение имеет опыт и стаж. По итогам опроса была выявлена высокая текучесть кадров, что негативно влияет на то, насколько легко сотрудники выстраивают отношения с инвесторами и обеспечивают бесперебойность обслуживания. Кроме того, участники опроса отметили низкий уровень оплаты труда, что может являться одним из факторов, обуславливающих текучесть кадров, и затруднять привлечение новых сотрудников из частного сектора. Государственные органы Таджикистана отмечают недостаточный уровень квалификации персонала в качестве серьезной проблемы (OECD, 2020[28]). Не исключается и возможность пересмотра механизма подбора кадров; полезным может оказаться размещение объявлений о вакансиях на сайтах по трудоустройству, не связанных с государственной службой.

Рисунок 6. Профили сотрудников АПИ из разных стран Евразии

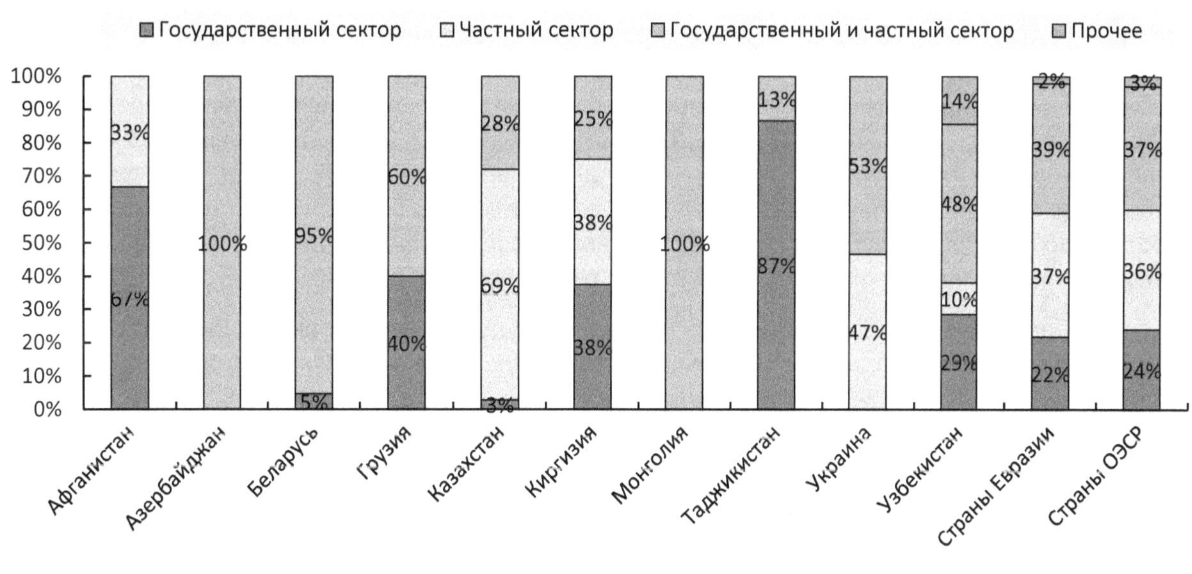

Источник: (OECD, 2020[28])

Важность комплексной и всеобъемлющей инвестиционной стратегии

В настоящее время у Таджикистана нет актуальной инвестиционной стратегии. Последним документом в данной области стала принятая в 2012 году «Концепция государственной политики привлечения и защиты инвестиций». Несмотря на название, это не инвестиционная стратегия в чистом виде, так как в ней не установлен порядок координации и деятельности АПИ. Скорее, это заявление о задачах и планах по улучшению инвестиционного климата. В Концепции отмечены такие проблемы, как неудовлетворительное состояние инфраструктуры, ограниченный внутренний рынок, чрезмерная бюрократия и эмиграция квалифицированных работников. В документе подчеркивается намерение и далее принимать меры, направленные на улучшение инвестиционного климата и привлечение ПИИ, в том числе путем введения четких «правил игры», усиления прозрачности, ограничения государственного вмешательства в дела частного сектора через минимизацию бюрократических препятствий, борьбу с коррупцией, обеспечение стабильной и корректной правовой среды, внедрение механизма разрешения инвестиционных споров и укрепление судебной системы для защиты прав инвесторов (OECD, 2021[2]).

ГКИУГИ не наделен полномочиями давать поручения другим учреждениям, отвечающим за привлечение инвестиций. Он лишь составляет ежегодные планы своей работы, которые не могут послужить основой для координации действий соответствующих ведомств (Government of the Republic of Tajikistan, 2006[57]).

Рекомендация 2А. Установление четкого круга обязанностей, порядка подотчетности и объема ресурсов в целях обеспечения слаженной и эффективной работы

Необходимость внести ясность в полномочия и обязанности ведомств, занимающихся привлечением инвестиций

В законы Таджикистана о привлечении иностранных инвестиций и уставы АПИ необходимо внести соответствующие изменения, отражающие последние события. Утвержденные правительством поправки к уставу ГКИУГИ позволят привести его полномочия в полное соответствие со спецификой действующего законодательства, а также более четко разграничить задачи ведомств. В связи с этим рекомендуется подготовить перечень лицензий, разрешений, стимулов и согласований, необходимых для осуществления инвестиционного проекта и открытия иностранного предприятия, и решить, какие полномочия следует предоставить АПИ (OECD, 2015[37]). Главное, чтобы АПИ не стали еще одним бюрократическим барьером для инвесторов, а облегчили бюрократические требования, четко определив обязанности каждого агентства. В большинстве стран Евразии АПИ работают по принципу «единого окна», поэтому непосредственное оказание услуг потенциальным инвесторам позволит Таджикистану стать в один ряд с соседями по региону (OECD, 2020[28]).

В целях обеспечения стабильности и во избежание будущих противоречий следует тщательно продумывать реформы, которые затрагивают правовую базу и институциональную структуру привлечения инвестиций. Частые институциональные преобразования могут вызвать замешательство у инвесторов, которые не будут знать, к кому обращаться (OECD, 2020[28]). Это, в свою очередь, накладывает негативный отпечаток на долгосрочные отношения, которые являются залогом успешного стимулирования ПИИ. В связи с этим Таджикистану рекомендуется проводить изменения с расчетом на среднесрочную перспективу и иметь четкие планы действий, чтобы предупреждать инвесторов обо всех нововведениях.

Предоставление ГКИУГИ должной независимости и ресурсов для осуществления возложенных на него полномочий

Когда имеется необходимость в принятии стратегических решений и подотчетности, это следует организовать на высшем уровне. Взаимодействие со многими другими государственными ведомствами порой позволяет повысить эффективность работы и принять единый межведомственный подход, но в то же время это способно отвлечь и без того ограниченные ресурсы от основных функций АПИ (OECD, 2020[28]). Это распространенная ситуация в Евразии.

Минимизация требований к отчетности на промежуточных звеньях и налаживание надежных каналов взаимодействия с главными директивными органами обеспечит эффективность работы и необходимую политическую прозрачность, особенно если учесть сильную связь между АПИ и правительством во всех странах Евразии в целом и в Таджикистане частности (OECD, 2020[28]; OECD, 2015[37]). В свете этого можно считать преимуществом для Таджикистана тот факт, что председатель ГКИУГИ назначается лично президентом.

Международный опыт показывает, что ведомства, обладающие свободой действий, в том числе правом самостоятельно ставить цели и распределять ьбюджеты, оказываются более эффективными. Государственное финансирование освобождает АПИ от необходимости следить за рентабельностью, но ежегодные заявки на выделение средств означают, что работа зависит от краткосрочной политической и экономической обстановки, что негативно сказывается на возможности осуществлять долгосрочные планы. Один из вариантов решения данной проблемы – предоставление финансирования сразу на несколько лет в рамках среднесрочной национальной финансовой программы, что позволит АПИ составлять долгосрочные планы исходя из своего бюджета и определять соответствующие статьи расходов в соответствии с полномочиями, как это делает *Invest in Georgia* (см. Блок 5). Следует отметить, что подобная финансовая независимость потребует пересмотра правового статуса ГКИУГИ, так как описываемый уровень автономности будет трудно соотнести с тем фактом, что ГКИУГИ является бюджетной организацией. При принятии такого решения Таджикистану потребуется учесть много факторов, но в первую очередь необходимо обеспечить достаточное, стабильное и прогнозируемое выделение ресурсов для привлечения инвестиций.

Блок 5. Инвестиционное подразделение *Invest in Georgia*

Invest in Georgia входит в состав государственного агентства экономического развития *Enterprise Georgia*. Оно функционирует при Министерстве экономики и устойчивого развития Грузии и, помимо привлечения ПИИ, отвечает за развитие МСП и поддержку экспорта. Цель подразделения *Invest in Georgia* заключается в привлечении, стимулировании и наращивании прямых иностранных инвестиций в Грузию. Оно работает по принципу «единого окна», оказывая компаниям содействие до, во время и после инвестиционного процесса (данные полномочия отражены в соответствующем законе). *Invest in Georgia* играет роль посредника между иностранными инвесторами и правительством Грузии, следя за тем, инвесторы получали актуальную информацию и могли контактировать с различными государственными ведомствами.

Для выполнения своих обязанностей *Invest in Georgia* (так же, как и *Enterprise Georgia*) ежегодно получает заранее утвержденный бюджет, основанный на предварительно составленном плане действий. Подразделение осуществляет деятельность и расходует средства без необходимости дополнительного согласования со стороны министерства или других ведомств. Так, *Invest in Georgia* разработало двухлетнюю стратегию привлечения ПИИ и соответствующий план действий (наряду с конкретными КПЭ). Министерство экономики и устойчивого развития их согласовало (сначала в 2020 году, а затем с поправками в 2021 году), и теперь подразделение несет ответственность за их осуществление.

В целях формирования государственной политики в отношении ПИИ в Министерстве экономики и устойчивого развития существует специальный отдел – Департамент инвестиционной политики и поддержки инвестиций. Подразделение *Invest in Georgia* тесно с ним сотрудничает, озвучивая свои предложения и выступая за внесение определенных поправок или изменений в инвестиционную политику при необходимости.

Источник: *Enterprise Georgia*

Передовой международный опыт показывает, что активное участие частного сектора в АПИ позволяет лучше понять потребности предпринимателей и способствует укреплению взаимодействия между государством и бизнесом (OECD, 2015[37]). Поэтому можно не только привлекать сотрудников с опытом работы в частном секторе, но и ввести представителей частных структур в наблюдательный совет. Больше гибкости и свободы в установлении заработной платы, что является одной из составляющих институциональной независимости, упростит набор сотрудников, особенно на те позиции, на которые необходимо привлекать востребованных специалистов (OECD, 2020[28]). Не исключается и возможность пересмотра механизма подбора кадров. Определенную пользу принесет публикация вакансий на негосударственных сайтах с предложениями о работе.

Блок 6. Правовые полномочия и мандат *Kazakh Invest*

АО «Национальная компания «Kazakh Invest» создана в соответствии с постановлением Правительства Республики Казахстан от 1 марта 2017 года*. Правительство утверждает общую стратегию АПИ, но в то же время у АПИ есть независимый наблюдательный совет, который осуществляет надзор за планированием деятельности и бюджетированием. У *Kazakh Invest* имеются четкие полномочия и мандат по привлечению инвестиций и предоставлению инвесторам полного спектра услуг от первоначальной идеи до ее реализации, а также в постинвестиционный период. Как отмечается на сайте компании, она играет роль:

- единого переговорщика от имени Правительства Республики Казахстан при обсуждении перспектив и условий реализации инвестиционных проектов;
- «единого окна» для инвесторов по вопросам оказания государственных услуг, в том числе предоставления мер государственной поддержки инвесторам в виде инвестиционных преференций, содействия в получении различных разрешительных документов, необходимых для реализации и дальнейшей эксплуатации инвестиционных проектов.

* Постановление Правительства Республики Казахстан от 1 марта 2017 года № 100 «О переименовании акционерного общества «Национальное агентство по экспорту и инвестициям «KAZNEX INVEST» в целях содействия устойчивому социально-экономическому развитию Республики Казахстан путем привлечения иностранных инвестиций в приоритетные сектора экономики и комплексного сопровождения инвестиционных проектов».
Источник: (Kazakh Invest, 2021[58])

Рекомендация 2Б. Разработка стратегической рамочной программы, предусматривающей ясные, осуществимые цели и методы их достижения, для координирования деятельности АПИ

Необходимость в актуальной и исчерпывающей инвестиционной стратегии

Для привлечения инвестиций в Таджикистан необходимо выработать четкие, тщательно продуманные цели и административные процедуры, которые позволят добиться результатов при оптимальных затратах. По этой причине Таджикистану следует принять инвестиционную стратегию, в которой были бы определены задачи и учтены имеющиеся финансовые и кадровые ресурсы. Четкая, конкретная стратегия помогла бы эффективно использовать ограниченные средства АПИ (OECD, 2020[28]). Если ее будет дополнять предметный план действий для каждого отдельного ведомства и надлежащая система мониторинга и оценки, это также позволит скоординировать усилия и добиться ожидаемых результатов.

Концепция 2012 года предусматривает ряд значимых целей, многие из которых по-прежнему остаются актуальными, однако из-за ситуации, сложившейся в Таджикистане в результате пандемии, крайне важно разработать обновленную, более четкую стратегию. С началом пандемии COVID-19 положение дел в мире изменилось, в связи с чем возникла необходимость в пересмотре задач, возможностей и методов (OECD, 2020[28]). Работа над стратегией даст прекрасную возможность проанализировать новые экономические условия и составить план адаптации.

Продуманные инвестиционные стратегии координируют всю деятельность по привлечению инвестиций в стране. АПИ является главным действующим лицом в вопросах привлечения инвестиций и потому должно играть центральную роль в процессе разработке стратегии, при этом в ней можно (и нужно) предусмотреть соответствующие действия других ведомств, чтобы у государства был единый подход к данному вопросу. К тому же это позволило бы оптимизировать работу в данном направлении и эффективно использовать имеющиеся ресурсы. В случае с Таджикистаном это означает, что в инвестиционной стратегии, разработанной ГКИУГИ, стоит предусмотреть ГУП «Таджинвест» и инвестиционную деятельность других ведомств, таких как Министерство экономического развития и торговли.

В стратегии должны быть описаны конкретные цели и задачи АПИ, а также средства и ресурсы для их достижения, однако стратегия окажется эффективной лишь в том случае, если все цели, ресурсы и средства будут соответствовать друг другу (OECD, 2020[28]). Необходимо, чтобы такой документ отвечал на четыре главных вопроса: *зачем* стране инвестиции, *на ком* сосредоточить работу, *какие* отрасли экономики являются приоритетными в этом отношении и *как* АПИ и другие ведомства могут осуществить намеченное (OECD, 2015[37]; OECD, 2020[53]). Он также охватывает показатели, которые будут использоваться для измерения эффективности и оценки воздействия. При создании стратегии следует учитывать не только предложение, то есть то, что Таджикистан может *дать* инвесторам, но и спрос, то есть то, что инвесторы *хотят* получить от Таджикистана (Loewendahl and Bryan, 2019[54]). В этом случае она будет четкой, понятной, последовательной и станет выделяться на фоне аналогичных документов других стран (OECD, 2015[37]).

Международный опыт показывает, что инвестиционные стратегии приносят плоды, если им уделяется достаточно времени и внимания, поэтому Таджикистану не стоит подходить к этому вопросу в спешке. Как говорится в отчете «*Картирование агентств по продвижению инвестиций в странах ОЭСР*», стратегия должна учитывать специфику страны. Имеются данные, свидетельствующие о том, что даже тем агентствам, которые работают в схожей экономической ситуации, требуются разные меры, подходы и решения (OECD, 2018[24]). Постановка задач по целевым отраслям и странам требует проведения обширного рыночного исследования. При этом следует проконсультироваться с множеством заинтересованных сторон, особенно с представителями частного сектора. Несмотря на затрату времени, это крайне важное начинание (Caribbean Export Development Agency, 2014[55]). Возможно, АПИ понадобится совет зарубежных компаний и международных организации по развитию. (Millenium Cities Initiative, 2009[59]). Существует множество интернет-ресурсов, которые также могут быть полезны в связи с этим, например, сайты Всемирного банка и Всемирной ассоциации инвестиционных агентств. По этой причине первым шагом в данном направлении должно стать составление плана работы над стратегией: назначение руководителя, выделение персонала и определение сроков готовности различных составляющих стратегии (Caribbean Export Development Agency, 2014[55]).

Поскольку решения и меры на уровне политики относительно труднее реализовать и требуется значительное время для их пересмотра, возможно, есть основания для разработки сразу двух стратегий: одна касалась бы преобразований, которые необходимо провести на государственном уровне, чтобы улучшить инвестиционный климат в целом, а вторая – продвижения и практической деятельности агентств по продвижению инвестиций. Такой подход сэкономил бы время и позволил бы АПИ стратегически и активно продвигать инвестиционные предложения, параллельно с изменениями на уровне политики, которые осуществляются в рамках отдельного более интенсивного и длительного процесса. .

Четко сформулированные, обоснованные цели и соответствующие механизмы мониторинга и оценки – важный фактор, способствующий достижению намеченных результатов

На следующем этапе следует четко определить, *зачем* Таджикистану ПИИ. В стратегии должны быть емко сформулированы миссия и видение, связанные с уникальными общими целями развития Таджикистана (Loewendahl and Bryan, 2019[54]). К примеру, в законодательных и стратегических документах Таджикистана часто фигурируют две основополагающие цели – создание новых рабочих мест и диверсификация экономики. Следовательно, миссия и видение должны соотноситься с этими и другими принципами, имеющими первостепенное значение. Можно многого ждать от инвестиций, включая региональное развитие, усиление конкуренции и экономический рост, но необходимо сосредоточиться на *наиболее* важных причинах, по которым ПИИ могут быть полезны Таджикистану. Миссия и видение АПИ позволяют стране сформулировать конкретные цели и задачи агентства. Они должны поддаваться количественной оценке и соотноситься с четкими сроками (см. Блок 7) (Loewendahl and Bryan, 2019[54]). Более того, постановка четких целей, скорее всего, заставит обратить внимание и на другие политики, которые потребуется скорректировать, чтобы привлечь ПИИ и получить от них максимальную пользу. Так, возможно, потребуется принять меры, чтобы поспособствовать развитию сотрудничества с отечественными предприятиями, избежать возникновения анклавных экономик, финансируемых ПИИ, повысить производительность и обеспечить передачу опыта от зарубежных компаний отечественным.

Блок 7. Цели и задачи ирландского агентства IDA

Инвестиционная стратегия государственного агентства промышленного развития Ирландии IDA на 2021-2024 годы служит прекрасным примером планового документа.

IDA выделило пять основополагающих целей – так называемых векторов, которые отражают приоритеты развития Ирландии в постпандемическом контексте:

- Вектор роста: инвестиции будут способствовать созданию рабочих мест и усилению экономической активности.
- Вектор трансформации: сотрудничество с клиентами IDA позволит обеспечить рост экономики Ирландии в будущем.
- Региональный вектор: инвестиции пойдут на продвижение регионального развития.
- Вектор устойчивости: IDA намерено пойти по пути инклюзивного и экологически сбалансированного восстановления экономики.
- Вектор эффективности: IDA будет максимизировать положительное влияние ПИИ на местные предприятия и сообщества.

IDA установила конкретные, измеримые цели на 2021-2024 годы в соответствии с пятью основными векторами своей деятельности:

- 800 инвестиционных проектов для создания 50 000 рабочих мест и стимулирования экономической активности;
- Партнерство с клиентами для будущего роста посредством 170 инвестиционных проектов в НИОКР, и 130 инвестиционных проектов в обучение;
- 400 инвестиционных проектов, способствующих региональному развитию;
- Использование возможностей для «зеленого» восстановления в рамках 60 инвестиционных проектов в устойчивое развитие;
- Увеличение расходов клиентов в Ирландии на 20% в целях повышения эффективности ПИИ.

Источник: (IDA Ireland, 2021[60])

Стратегия - это живой документ, который требует постоянного мониторинга для обеспечения его постоянной эффективности и актуальности. Поскольку условия и цели со временем меняются, стратегия также должна меняться. Лучшие стратегии предполагают осуществление мониторинга за ходом их реализации: в частности, они предусматривают механизмы обратной связи с инвесторами (например, через систему управления взаимодействием с клиентами (CRM), которая подробно описывается в «Рекомендации 1Б», и посредством непрерывного диалога, о котором идет речь в «Рекомендации 3»), а также комплекс показателей, отслеживаемых *с самого начала* (Loewendahl and Bryan, 2019[54]). Нет смысла разрабатывать системы мониторинга и оценки *постфактум*. Количество показателей не должно быть чрезмерным, чтобы АПИ, учитывая множество других обязанностей, было в силах их собрать. В то же время они должны быть значимыми, то есть указывать на то, насколько успешно АПИ достигает не только промежуточных результатов, но и общих экономических целей (OECD, 2020[28]). Осуществляя сбор таких данных, АПИ может выступать в роли доверенного лица инвесторов, поддерживая меры по совершенствованию делового климата (см. «Рекомендацию 3») и усилению прозрачности государственных расходов, что особенно важно в кризисные времена, когда финансы ограничены (OECD, 2020[28]). По итогам мониторинга и оценки стратегию следует пересматривать и обновлять каждые 3-5 лет (Caribbean Export Development Agency, 2014[55]).

Важность действенной стратегии с ясно обозначенными целями, методами, ресурсами и ответственными сторонами

Широкие цели и задачи на начальном этапе помогают понять, в *какие* области АПИ нацелено привлечь инвестиции. В то же время необходимо провести тщательное исследование, чтобы обеспечить реалистичность стратегии и определить, на каких инвесторах стоит сосредоточить работу. Создатели стратегии должны провести SWOT-анализ страны, определив достоинства, недостатки, возможности и вероятные угрозы, сравнив сильные и слабые стороны с соседями и другими государствами, обладающими аналогичными ресурсами (Loewendahl and Bryan, 2019[54]). При проведении такого анализа необходимо прибегнуть к коллективному межведомственному обсуждению, к интервью с заинтересованными сторонами (например, действующими инвесторами), а также к количественным данным (Caribbean Export Development Agency, 2014[55]). Выявление достоинств и возможностей позволит АПИ заинтересовать потенциальных инвесторов, а понимание недостатков и угроз поможет составить план по снижению рисков и успокоить инвесторов. Вкупе с государственными целями SWOT-анализ послужит АПИ подспорьем в определении перспективных отраслей экономики и межотраслевых направлений хозяйственной деятельности, соответствующих сильным сторонам Таджикистана (Millenium Cities Initiative, 2009[59]). Благодаря этому составителям стратегии будет проще определить потенциальных инвесторов на уровне не только стран, но и отдельных компаний (более подробную информацию о конкурентном позиционировании и выявлении целевых отраслей и инвесторов см. в «Рекомендации 1»). Например, инвестиционное агентство Грузии провело отраслевой анализ с учетом мировых тенденций, а также конкурентных преимуществ и уникальных особенностей страны. Это позволило отобрать приоритетные отрасли исходя из двух главных критериев: *желательности* (что государство хотело бы получить от ПИИ) и *целесообразности* (какие отрасли действительно обладают потенциалом развития в Грузии).

И наконец, в стратегии должно быть недвусмысленно указано, *как* именно Таджикистан будет привлекать и стимулировать инвестиции, в том числе: какие ведомства за какие функции отвечают, какие методы будут использованы и каким образом будут выделяться ресурсы в течение всего срока реализации стратегии. Как уже отмечалось выше, важно обеспечить мониторинг, оценку и внесение коррективов по мере необходимости. Мониторинг и оценка не приносят особой пользы, если не приводят к выработке мер по улучшению общего инвестиционного климата, а также к своевременной корректировке планов и действий.

Рекомендация 3. Более эффективное представление интересов и оптимизация системы содействия инвесторам

Проблема: реальные условия инвестиционного климата не всегда благоприятны, а инвесторы не получают достаточного содействия, включая защиту интересов, со стороны таджикских АПИ

Правовые основы по продвижению инвестиций сравнительно развиты, но ресурсы можно было бы использовать более эффективно

В 2016 году правительством был принят новый закон «Об инвестициях», который устанавливает инвестиционные процедуры и гарантирует определенные права и меры защиты инвесторов (Government of Tajikistan, 2016[61]). Многие из них соответствуют передовой практике инвестиционной политики, в том числе:

- недискриминация и равенство перед законом для иностранных и отечественных инвесторов (ст. 7), включая возможность участия в приватизации (ст. 12);
- стабильность правовой среды, напримересли принимается закон, ухудшающий условия инвестирования, инвесторы не обязаны соблюдать его в течение 10 лет (за исключением законов о национальной безопасности, здоровье, окружающей среде или морали) (ст. 8);
- защита от прямой экспроприации; определение непрямой экспроприации и порядок компенсации (ст. 14);
- право вывода доходов (ст. 10) и вывоза имущества, в том числе интеллектуальной собственности, в соответствии с таможенным законодательством (ст. 16), право на свободную конвертацию валюты (ст. 11); а также
- бесплатный доступ к правовой информации для инвесторов на интернет-ресурсах (ст. 13).

Закон «Об инвестициях» дополняют закон «Об инвестиционных соглашениях в Республике Таджикистан» (2012 год), закон «О свободных экономических зонах» (2011 год) и уставы ГКИУГИ и ГУП «Таджинвест». В совокупности они представляют собой правовую базу для иностранных инвестиций и дают относительно действенный набор гарантий для инвесторов.

Получить сведения о соответствующих нормах законодательства стало проще, но некоторые проблемы сохраняются

Тексты многих законов и документов, касающихся инвестиций, находятся на разных сайтах, причем нередко – только на русском или таджикском языках. Для получения актуальных сведений о нормативно-правовых требованиях инвесторы должны приобретать платный доступ к коммерческой базе правовой информации *Adliya*.

В настоящее время уже принимаются меры к увеличению прозрачности и доступности информации через систематизацию цифровых источников права в сфере инвестиционной деятельности. ГКИУГИ создал деловой портал B2B, где интегрируется информация от восьми государственных учреждений, в том числе от налоговой службы (которая и сама проделала большую работу по переходу на цифровые технологии) и Национального банка Таджикистана. Это большой шаг вперед, тем более что с основными правовыми актами можно ознакомиться на английском, русском и таджикском языках. Инвесторы также могут найти основные законодательные акты на этих языках на сайтах ГКИУГИ и ГУП «Таджинвест».

Однако, обновляется эта информация нерегулярно. Особенно бросается в глаза, что в период пандемии COVID-19 ни ГКИУГИ, ни «Таджинвест» не добавляли новую юридическую информацию, необходимую инвесторам, то есть информации о карантинных и изоляционных мерах, налоговых льготах, кредитном финансировании и так далее (Blavatnik School of Government, 2020[62]). При всей очевидности того, что для инвесторов, как и для частного сектора в целом, все это имеет большое значение, информация о борьбе с пандемией и антикризисных мерах присутствует только на сайте Министерства здравоохранения (OECD questionnaire, 2021). Инвесторы отметили, что это привело к неопределенности с их стороны. Сейчас, когда еще не до конца понятна степень влияния пандемии на экономику страны, как никогда важно обеспечить инвесторам доступ к актуальной и достоверной информации.

АПИ Таджикистана уполномочены оказывать содействие инвестициям, но пытаются сделать слишком многое слишком малыми средствами

В среднем, АПИ стран Евразии выделяют на содействие инвестициями их удержание в стране меньше ресурсов, чем в других регионах: всего 17%, тогда как в странах ОЭСР этот показатель равен 30%. ГКИУГИ, напротив, 30% своего бюджета отводит на содействие инвестициями еще 30% – на информационно-просветительскую работу; похожие показатели в Евразии имеются лишь у Казахстана и Украины (OECD questionnaire, 2021) (OECD, 2020[28]). Однако речь здесь идет о проценте совокупных средств, находящихся в распоряжении ГКИУГИ, а если рассматривать в абсолютном выражении, видно, что Таджикистан выделяет на это меньше средств, чем соседние страны. Несмотря на ограниченность в средствах, комитет стремится выполнять весьма широкий круг функций по содействию инвестициями постинвестиционному обслуживанию[4]. Отсюда возникает вопрос, сколько средств страна может затратить на каждую конкретную меру по содействию инвестициям (OECD, 2020[28]).

Работа организаций, занятых информационно-просветительской деятельностью над улучшением инвестиционного климата пока не дала очевидных результатов

Для поддержки диалога государственного и частного секторов по вопросам инвестиций государством создан Консультативный совет по улучшению инвестиционного климата. Совет разрабатывает рекомендации для президента и правительства страны, касающиеся развития частного сектора и инвестиционного климата (UNCTAD, 2016[27]). Его возглавляет лично президент, а в состав входят четыре постоянных представителя (премьер-министр, первый заместитель премьер-министра, председатель ГКИУГИ, исполняющий функции ответственного секретаря, и руководитель секретариата Консультативного совета) и семнадцать сменяемых: три от партнеров в области развития и 14 от частного сектора (13 таджикских предпринимателей и один иностранный инвестор). Эта площадка была создана в 2007 году при поддержке международного донорского сообщества, а начало ей положили субнациональные механизмы ДГЧС (Kosymova and Abdujabborov, 2015[63]). В ходе обследования АПИ, проведенного ОЭСР, Таджикистан сообщил, что на информационно-просветительскую работу расходуется 30% бюджета, тогда как в странах Евразии данный показатель равен 12%, а в странах ОЭСР – 6% (Consultative Council on Improvement of Investment Climate under the President of the Republic of Tajikistan, 2021[64]).

Обычно основные заседания совета проводятся под председательством Президента Республики Таджикистан или первого заместителя премьер-министра (внеочередное заседание совета). Предложения относительно тем заседаний и вопросов для обсуждения вносятся частными структурами, после чего начинается процесс фильтрации и отбора основных тем для обсуждения на заседаниях совета. Секретариат совета анализирует выбранные темы и составляет рекомендации при участии представителей частного сектора, экспертов и отраслевых бизнес-ассоциаций. После обсуждения на заседаниях совета разрабатываются проекты планов действий для отдельно взятых отраслей на основе подготовленных рекомендаций. Совет составляет ежегодные мониторинговые отчеты; последний имеющийся отчет датирован мартом 2020 года. Из отчета следует, что правительство главным образом поручает совету или одному из его постоянных членов (нередко – ГКИУГИ) разработку определенных политических проектов или планов мероприятий, которые в дальнейшем передаются в правительство на рассмотрение и утверждение (Consultative Council on Improvement of Investment Climate under the President of the Republic of Tajikistan, 2020[65]).

Такая система предназначена для того, чтобы инвесторы могли выносить на повестку дня вопросы, связанные с инвестиционной политикой, или вносить ощутимый вклад в разрабатываемые проекты. Однако не вполне понятно, много ли таких проектов в итоге становятся законами и в какие сроки это может происходить. Совет задумывался не как площадка, где любой инвестор может пожаловаться на конкретные трудности (вместо того чтобы обсуждать проблемы общеполитического характера), но иногда в его рабочую повестку попадают и такие вопросы; например, в мониторинговом отчете за 2019 год упоминается запрос о выделении земли под строительство от таджикской птицефабрики «Бехамто».

Существуют и другие диалоговые механизмы. Согласно результатам опроса ОЭСР, Торгово-промышленная палата Республики Таджикистан, то есть крупнейшая бизнес-ассоциация страны, и не столь крупные посреднические организации каждый квартал принимают участие в заседаниях различных государственных советов и рабочих групп. Особого внимания заслуживает ныне действующая рабочая группа, занятая пересмотром налогового кодекса (см. Блок 8).

Блок 8. Новый Налоговый кодекс Республики Таджикистан

В 2019 году Налоговый комитет и Министерство финансов инициировали реформу налогового кодекса, с целью приведения его в соответствие с лучшей международной практикой и адаптировать к изменившимся реалиям деловой и общественной жизни. В новой редакции число налоговых платежей сократилось с 10 до 7; введены меры, направленные на усовершенствование налогового администрирования; снижены ставки по ряду конкретных налогов, включая НДС. Для определенных отраслей вводятся преференциальные налоговые режимы.[5]

Кроме того, новый налоговый кодекс должен наложить ограничения на внеплановые проверки и аудит, поскольку для выявления налоговых правонарушений применяются новые технологии и системы управления рисками, что устраняет необходимость в дополнительных внеплановых проверках. В любом случае число таких проверок в последние годы постепенно снижалось. Новый кодекс позволяет физическим лицам подавать налоговые декларации в электронной форме, что означает сокращение затрат на нормативно-правовое соответствие, и прежде всего экономию времени. Начиная с 2012 года Налоговый комитет оказывал услуги в электронной форме через сайт andoz.tj; в настоящее время он предлагает шестьдесят услуг для юридических лиц, индивидуальных предпринимателей, физических лиц, государственных служащих, государственных организаций и субъектов банковского сектора.

Разработкой нового кодекса занималась межведомственная рабочая группа. Были учтены многочисленные замечания и предложения, поступавшие из министерств и управлений, а также от частных структур и партнеров в области развития. Комитет консультировался с международными финансовыми организациями, включая Всемирный банк, МВФ, Азиатский банк развития и ЕБРР.

Источник: Налоговый комитет; Министерство финансов.

Бюрократические требования, затрудняющие работу инвесторов несмотря на реформы

Невзирая на ряд недавних реформ (см. Блок 9), многие инвесторы по-прежнему считают административную нагрузку проблемой. Как подробно говорилось в недавнем докладе ОЭСР *«Совершенствование правовой среды предпринимательства в странах Центральной Азии»*, недостатки практической реализации иногда снижают качество, прозрачность и упорядоченность инвестиционного процесса несмотря на сравнительно действенную правовую базу, существующую официально (OECD, 2021[2]). Инвесторы указали на то, что, по их мнению, является непоследовательностью толкования и произвольностью применения норм инвестиционного законодательства, нарушающими прозрачность инвестиционного процесса (OECD interviews, 2021). Поэтому инвесторам необходима поддержка таджикского АПИ в логистических вопросах и дальнейшее представление их интересов, способствующее устранению сохранившихся узких мест в законодательстве, государственном управлении и судебной системе (OECD, 2021[2]).

Блок 9. Недавние реформы в нормативно-правовой сфере Таджикистана, направленные на улучшение инвестиционного климата

С целью изменения инвестиционного климата Таджикистана в соответствии с международными стандартами правительство провело ряд реформ, в том числе:

- **Регистрация бизнеса**: появилась возможность регистрировать бизнес и платить налоги в электронной форме, используя национальные платежные карты; введен централизованный электронный реестр движимого имущества.
- **Проверки**: принята новая редакция закона «О проверках деятельности хозяйствующих субъектов», которая обязывает контролирующие органы представлять отчеты в электронной форме обо всех проверках. Информация передается в недавно созданный Координационный совет контролирующих органов и размещается на специальном сайте для учета проверок.
- **Банковские услуги и доступ к финансированию**: за период с 2016 по 2020 годы благодаря новым поправкам к закону «О кредитных историях» расширился охват кредитных бюро с 15,9% до 47,6% взрослого населения , что повысило надежность защиты прав кредиторов и заемщиков. Помимо этого, в намерения государства входило укрепление законодательной базы безопасных транзакций и процедур банкротства, способствующее реализации законных прав кредиторов и заемщиков.
- **Конкуренция**: начал работу электронный портал государственных закупок. В настоящее время разрабатываются соответствующие подзаконные акты, задача которых – лучше адаптировать систему к потребностям МСП.
- **Экономическая юстиция**: Высший экономический суд, экономический суд г. Душанбе, экономические суды Хатлонской и Согдийской областей и ГБАО открыли собственные сайты, что упрощает гражданам и юридическим лицам доступ к законодательной и судебной информации. Через сайты пользователи могут обращаться за помощью и оставлять отзывы. Кроме того, недавно принятый пакет законопроектов6 усилил защиту прав кредиторов и упростил процесс разрешения проблем неплатежеспособности.
- **Недвижимость**: внедрена система «единого окна» для электронной регистрации недвижимости, объединившая в себе услуги пяти государственных учреждений.
- **Торговля**: открыт «Торговый портал Таджикистана», который, в частности, публикует информацию о процедурах экспорта и импорта. В настоящее время ведется апробация «Программы внедрения системы единого окна по оформлению экспортно-импортных и транзитных процедур в Республике Таджикистан», которая объединит десять лицензирующих органов для целей, связанных с торговлей.

Источник: ГКИУГИ, Налоговый комитет, Министерство финансов.

Инвесторы рассчитывают на большую поддержку в в упрощении процедур

Препятствием, по мнению инвесторов, являются механизмы отбора проектов, в том числе в свободных экономических зонах. Процесс отбора, который контролирует ГКИУГИ, бывает длительным и, по мнению инвесторов, непрозрачным. За отсутствием четких требований инвесторы склонны полагаться на личные связи с высокопоставленными государственными чиновниками. Это может вести к принятию таких решений, которые ставят в привилегированное положение действующих участников рынка, не давая стимулов для усиления прозрачности и упорядоченности инвестиционного режима (OECD, 2021[2]). Даже ощущение того, что это может произойти, может быть достаточным, чтобы оттолкнуть некоторых инвесторов.

Существует несколько полезных, но ограниченных электронных услуг для инвесторов от других агентств . Инвесторы могут подать заявление на электронную деловую визу («K») на60 календарных дней, но специальная инвесторская виза («C») через электронную систему не оформляется (Ministry of Foreign Affairs, 2021[66]). Зарегистрированные пользователи системы «Единое окно» на сайте Таможенной службы могут осуществить в электронном виде 22 операции, связанные с импортном и экспортном, хотя они доступны только на таджикском и русском языках (Customs Service, 2021[67]; SCISPM & TajInvest, 2020[68]). Налоговый комитет предоставляет ряд электронных услуг в сфере подачи документов и осуществления платежей, которыми граждане Таджикистана очень довольны и активно пользуются (OECD questionnaire of the State Tax Committee, 2021). На сайте налогового комитета услуги предлагаются на русском, английском и таджикском языках, хотя документы, которые необходимо заполнять, главным образом оформлены на таджикском. Разъяснительные и информационные разделы сайта Налогового комитета переведены на английский язык и регулярно обновляются. К тому же через контактный центр можно связаться с отделом международного сотрудничества, сотрудники которого говорят на русском, английском, французском, китайском и японском языках. В данный момент существует английская версия главной страницы сайта Налогового комитета, но документация и дополнительная информация доступны лишь на таджикском и русском языках (Tax Committee, 2021[69]). В 2021 году на сайте Налогового комитета - andoz.tj зарегистрировано более 137 000 посещений из-за пределов Таджикистана, в том числе 6 004 посещения из США, 1 836 из Великобритании, 2 924 из Нидерландов, 1 637 из Германии, 1 865 из Китая, 93 049 из России и 30 334 из других стран..

ГКИУГИ понимает, как важны цифровые технологии в обслуживании инвесторов, и намерен менять ситуацию к лучшему. При заполнении опросного листа ОЭСР комитет указал, что в области электронных услуг примером для него является китайское АПИ – Совет по содействию международной торговле. Сайт *Invest China* предлагает авторизованным пользователям разнообразные услуги, в том числе регистрацию, бухгалтерский учет и лицензирование (Investment Promotion Center of CCPIT, 2021[70]).

Необходимость более активной поддержки АПИ действующих инвесторов

Инвесторы, которых интервьюировали для целей настоящего доклада, упомянули, что получали ограниченную поддержку по ходу инвестиционного процесса, особенно в ситуациях, когда у них возникали проблемы с выполнением гарантий, предусмотренных законом «Об инвестициях», и соответствующими инвестиционными договорами. Если инвесторам кажется, что им не обеспечили достаточной поддержки или не гарантировали условий, которые, по их мнению, предлагались им первоначально, они могут отказаться от идеи дальнейших инвестиций в страну и, более того, поделиться неблагоприятным мнением с другими потенциальными инвесторами. И хотя отнюдь не все АПИ склонны вмешиваться в каждый конкретный случай, в Таджикистане это было бы обоснованно, учитывая особенности инвестиционного климата и полномочия ГКИУГИ по поддержке инвесторов в правовых вопросах.

Инвесторы называли множество проблем, в решении которых им способно помочь АПИ, в частности, связанных с недвижимостью, проверками и налогообложением (OECD, 2021[2]). Порядок экспроприации частной собственности и меры защиты от нее предусмотрены законом 2016 года «Об инвестициях», и в большинстве случаев экспроприации речь идет о процедурных нарушениях или противозаконных действиях при приватизации. Однако инвесторы ссылались на случаи, когда им, по их заверениям, было отказано в доступе к объектам инфраструктуры, необходимым для деловых операций, что можно квалифицировать как косвенную экспроприацию. Помимо этого, некоторые инвесторы жаловались на внеплановые проверки (санитарная инспекция / контроль стандартов / антимонопольная служба / пожарная инспекция), проводимые невзирая на объявленный в 2018 году мораторий, по которому производственные объекты были освобождены от проверок, за исключением тех, что осуществляют налоговые органы, прокуратура, Счетная палата, антикоррупционное ведомство и Национальный банк (Eurasianet, 2018[71]).

Серьезное беспокойство, по словам инвесторов, вызывает реализация норм налогового законодательства. Как отмечает Налоговый комитет, за последние годы в рамках инвестиционных соглашений были введены дополнительные налоговые льготы для инвесторов. Соглашения, заключенные более чем с 18 инвесторами и исполнителями инвестиционных проектов, освобождают их от подоходного и социального налогов для нерезидентов на срок, который может составлять до десяти лет. При ввозе оборудования и запасных частей возможно освобождение от налога на добавленную стоимость и таможенных пошлин. Кроме того, существуют другие виды инвестиционных соглашений, в соответствии с которыми инвесторы и исполнители инвестиционных проектов полностью освобождаются от уплаты любых налогов, исключая подоходный и социальный налоги для резидентов, на срок до десяти лет. Некоторые инвесторы выражали беспокойство, что эти льготы могут не работать на практике и что будет «невозможно получить или использовать большинство этих льгот» (U.S. Department of State, 2020[72]). Однако Налоговый комитет подчеркнул, что от инвесторов не поступало жалоб относительно непредоставления обещанных налоговых преференций, и что объем таких налоговых льгот за период с 2015 по 2019 годы увеличился с 2,1 млрд до 3,9 млрд сомони.

Хотя некоторые компании включили в двусторонние инвестиционные соглашения (ДИС) положения, оговаривающие обращение в международный суд в случае споров, а Таджикистан подписал Нью-Йоркскую конвенцию 1958 года, некоторые наблюдатели сообщают о проблемах с исполнением иностранных арбитражных решений национальными судами и исполнением контрактов на национальном уровне (Santander Trade, 2021[17]) (OECD, 2021[2]).

Нет ни подразделения, которое бы отвечало за связи с действующими или потенциальными инвесторами, ни базы данных или системы управления взаимодействием с клиентами (CRM), где хранилась бы контактная информация инвесторов (см. «Рекомендацию 2Б»). В силу этого возможности постинвестиционного обслуживания ограничены, что может отрицательно влиять на имеющие большое значение перспективы повторного инвестирования. В ГКИУГИ осознают эту проблему: при заполнении опросного листа ОЭСР было заявлено, что комитет планирует усовершенствовать процессы мониторинга и сбора данных с использованием цифровых технологий.

Таким образом, обратиться за помощью в ГКИУГИ порой непросто, и некоторые инвесторы в ходе интервью жаловались, что комитет не отвечает на обращения. По данным сайта, ГКИУГИ не оказывает услуги инвесторам без шести необходимых документов, в том числе свидетельства о государственной регистрации, устава компании и официального, заверенного печатью письма относительно получения услуги (SCISPM, 2019[73]). Предположительно, это мешает инвесторам получать своевременную помощь, а комитету – предлагать услуги, на которые не поступало официального запроса. Возможности «Таджинвеста», ко всему прочему, ограничены его статусом, так как он является государственным унитарным предприятием с минимумом собственных юридических полномочий (OECD interviews; Tajinvest, 2021).

Если инвесторам все же удается наладить связь с ГКИУГИ, урегулирование проблем и содействие реализации инвестиционных проектов часто требует взаимодействий с другими органами (министерствами, ведомствами, комитетами), на основе общегосударственного подхода. ГКИУГИ сообщает о большом количестве взаимодействий с другими учреждениями по сравнению с другими странами региона, однако, по словам инвесторов, комитет часто не в силах решить их проблемы с другими ведомствами, особенно с Налоговым комитетом (OECD, 2020; OECD interviews, 2021). У ГКИУГИ нет прямых полномочий во многих сферах, с которыми соприкасается инвестор, начиная с регистрации и заканчивая налогами. Согласно закону «Об инвестициях» (2016 год), комитет должен предоставлять инвесторам юридическую помощь, но в его уставе не сказано о каком-либо механизме, который позволял бы ему выполнять функции посредника / медиатора с правом решающего или консультативного голоса (Government of the Republic of Tajikistan, 2006[57]).

Рекомендация 3. Устранение препятствий и защита интересов инвесторов помогут стимулировать повторные инвестиции и улучшить репутацию страны

Сильная платформа для диалога между государством и частным сектором и защита интересов отдельных инвесторов по мере необходимости способствуют решению проблем инвестиционного климата

Результативная информационно-просветительская работа АПИ, осуществляемая в интересах инвесторов, это чрезвычайно эффективный инструмент стимулирования инвестиций, поскольку многие инвестиции являются повторными и поступают от компаний, уже действующих в стране, а благоприятные впечатления инвесторов создают стране хорошую репутацию (OECD, 2011[74]). После пандемии, которая быстро изменила экономические условия, АПИ в странах ОЭСР стали уделять больше времени диалогу с инвесторами, чтобы понять административные препятствия и определить приоритеты для облегчения работы.. Целесообразность положений законодательства может меняться; торговые ограничения, санитарные меры, инфляция и другие рыночные условия, изменяясь, могут снижать действенность льгот или правил. Таким образом, разумно проводить периодический пересмотр соответствующих режимов в целях их оптимизации и упрощения, а для этого следует регулярно обсуждать ситуацию с инвесторами и другими заинтересованными сторонами, включая таджикских предпринимателей. Действующих инвесторов нередко беспокоят вопросы, влияющие на решения относительно новых инвестиций, и потому диалог с небольшой группой из них, вполне вероятно, будет способствовать улучшению делового климата в общих интересах (OECD, 2015[24]).

АПИ Таджикистана могут улучшить регулярный и проактивный сбор информации от инвесторов, которая будет использоваться для ДГЧС. Механизмы диалога с инвесторами – потенциальными и действующими, крупными и малыми – могут включать в себя регулярные совещания, системы обратной связи для инвесторов на сайте ГКИУГИ, структурированные опросы и периодическую организацию форумов для обсуждения проблем, актуальных для инвесторов. Информация, собранная благодаря таким механизмам, может обсуждаться на очередных заседаниях Консультативного совета.

Но диалог, особенно если он организован так, чтобы охватывать и общие, и отраслевые интересы инвесторов, требует времени, человеческих ресурсов и финансовых средств. Учитывая необходимость наилучшего использования ограниченных ресурсов , возможно, следует сосредоточить усилия на ведении диалога с инвесторами в стратегически важных отраслях. Партнеры в области развития и организации-посредники (например, Торгово-промышленная палата), предположительно, могли бы помочь таджикским АПИ в поддержании диалога или проведении опросов, поскольку обладают обширными связями в частном секторе и уже занимаются сбором информации. Как показывает передовой опыт, методы получения информации от инвесторов должны быть разнообразными: например, удобны краткие опросы, потому что не у всех инвесторов находится время для участия в заседаниях рабочих групп или непрерывного диалога. Тем не менее по итогам общения с инвесторами стало ясно, что большинство инвесторов в Таджикистане и других странах готовы жертвовать временем ради улучшения процесса (см. Блок 10) (OECD, 2015[37]).

Во многих случаях необходимость в индивидуальном рассмотрении разногласий можно устранить путем структурных преобразований, но, когда возникает конфликтная ситуация, ГКИУГИ должен быть готов помочь в ее решении. А чтобы делать это эффективно, необходимо активное и результативное сотрудничество с другими министерствами и государственными организациями, занимающимися вопросами инвестиционной политики, в том числе с Министерством экономического развития и торговли и Министерством юстиции. Удачно, что у комитета уже налажено взаимодействие с другими организациями благодаря совместной работе и проведению мероприятий, а также имеется политическая поддержка на высоком уровне, поскольку правительство признает стратегическое значение внешних инвестиций. Однако полезно было бы все же указать, какие меры может принять ГКИУГИ, если другие ведомства не пожелают пойти ему навстречу в связи с той или иной проблемой инвесторов (OECD, 2011[74]). В этом случае у ГКИУГИ будет и необходимый вес, и коммуникационные механизмы для того, чтобы сообщать в другие органы и организации о жалобах отдельных инвесторов и настаивать на их урегулировании во избежание дальнейшей эскалации конфликта (UNCTAD, 2010[75]).

Блок 10. Получение информации от инвесторов по различным каналам: опыт ИАН

Примером для подражания в области сбора информации через различные каналы связи может стать Инвестиционное агентство Нидерландов (ИАН):

- Менеджеры проектов в АПИ ежедневно взаимодействуют с действующими и потенциальными инвесторами для получения обратной связи;
- Время от времени информация поступает по электронной почте или в ходе проведения мероприятий;
- Совещания для поддержания связей с инвесторами;
- Трижды в год проводится расширенный опрос действующих инвесторов по вопросам делового климата;
- Ежеквартальные совещания с руководством программы *Invest in Holland Network*;
- ИАН проводит анализ проектов, потерпевших неудачу; а также
- Анализ публикаций в СМИ, сторонних исследований и отчетов по вопросам делового климата в Нидерландах.

Собранная информация передается в соответствующие ответственные инстанции следующими способами:

- Годовые отчеты для Министерства экономики и климатической политики и Министерства иностранных дел, проведение обсуждений на основе отчетов;
- Представляемые трижды в год отчеты о результатах расширенного опроса, посвященного деловому климату; а также
- Совещания с министерствами, проводимые регулярно, но без четкого графика

Источник: (de Combrugghe, 2019[76])

Повышение доступности информации о нормах законодательства и административных процедурах – возможная помощь инвесторам со стороны АПИ

Возможно, Таджикистану следует еще больше увеличить долю ресурсов, отведенную на постинвестиционное обслуживание. В целом, привлекать новых инвесторов сложнее и дороже, чем содействовать повторным инвестициям и расширению деятельности инвесторов (OECD, 2015[24]). Коронавирусный кризис, в свою очередь, побудил мировые АПИ пересмотреть распределение сил и ресурсов, переключая внимание с маркетинга и налаживания контактов на информирование действующих инвесторов о государственных программах, помощь в преодолении кризиса, поддержку текущих инвестиций и операций (OECD, 2020[15]). Результатом стало обеспечение бесперебойного хода деятельности и удовлетворенность инвесторов, что чрезвычайно важно для удержания и расширения инвестиций. В странах ОЭСР был расширен круг мер по содействию инвесторам, а применение цифровых инструментов, например, для виртуальных посещений, позволило не прерывать работу. Активизировалась работа по укреплению диалога с действующими инвесторами, что помогло отслеживать тенденции на уровне отдельных компаний и оперативно реагировать при возникновении проблем, то есть еще активнее, чем прежде, выполнять функции своего рода связных между правительствами и инвесторами.

Таджикским АПИ рекомендуется максимально упростить для инвесторов поиск информации об экономических условиях, которые быстро меняются, и политике, связанной с пандемией. В большинстве стран ОЭСР на сайтах АПИ были созданы специальные разделы о COVID-19, где отражались все соответствующие изменения, касающиеся, в частности, налогов, льгот, экспортные ограничения (OECD, 2020[15]). АПИ некоторых стран, таких как Испания и Франция, немедленно размещали на сайтах перевод новых законов и правил на английский язык и составляли комплексные отраслевые отчеты о последствиях пандемии, а в Германии и Австралии, например, предлагали ежедневные обновления. Трудно переоценить пользу единого источника достоверной информации, особенно в условиях сложного и часто меняющегося законодательства. Эту роль мог бы взять на себя сайт B2B, чьи материалы регулярно обновлялись бы на английском и русском языках.

Принимая во внимание сравнительную малочисленность иностранных инвесторов в Таджикистане, ГКИУГИ мог бы даже контактировать с ними напрямую и уведомлять о государственных мерах, имеющих отношение к их инвестициям. Вероятно, собрать контактную информацию без системы CRM поначалу будет непросто, однако это станет дополнительным стимулом к созданию базы данных, которая в будущем пригодится еще не раз.

Блок 11. Аутрич-стратегия агентства IDA об изменениях, связанных с COVID-19

Ирландия сделала информацию о COVID-19 очень понятной и легко доступной для инвесторов:

- На главной странице сайта размещен баннер, на который надо нажать для получения дальнейшей информации о событиях и предлагаемых IDA мерах поддержки в связи с коронавирусным кризисом. На ту же страницу можно попасть, нажав на пункт меню «Наша помощь», который виден во всех разделах сайта.
- Первая ссылка раздела, посвященного COVID-19, предлагает инвестору обратиться к персональному менеджеру или написать на общий электронный адрес агентства для получения бесплатной консультации по вопросам государственной помощи и финансирования; там же расположена кнопка, позволяющая просмотреть подробную

информацию о таких программах. Помимо этого, действует организованная государством «горячая линия».

- Лаконичный, но весьма практичный план работы убеждает инвесторов, что цель АПИ – помочь им в преодолении кризиса. План включает в себя конкретные сведения о предлагаемых консультационных услугах и порядке подачи заявления на получение финансовой помощи АПИ. Имеется и множество полезных ссылок – например, ссылка на государственный перечень основных услуг, информация о заработной плате и налоговой поддержке, а также кредиты для МСП.
- На сайте собраны соответствующие материалы, опубликованные другими государственными ведомствами, в том числе руководство агентства *Enterprise Ireland* по по управлению персоналом в постпандемических условиях, медицинские рекомендации, советы приезжающим и так далее.
- Ежемесячные электронные журналы и новостные бюллетени достурны бесплатно и содержат еще более подробные обновления, чем обычные новостные статьи.

Кроме того, IDA сделало своей приоритетной задачей сбор информации *от* инвесторов относительно новых трудностей, что позволяет оценить реакцию фирм и сбои в системах снабжения с позиции клиента.

Источник: (IDA Ireland, 2021[77])

И в период пандемии, и после нее инвесторам требуется понятная информация об услугах и требованиях других ведомств, как в электронной, так и в иной форме. Ссылки на электронные услуги, такие как налоговый платежный портал и сервис электронных виз *e-visa*, должны размещаться на сайте АПИ, причем на видном месте, и сопровождаться подробными пояснениями. В частности, это поможет решить проблему языкового барьера, потому что инвесторам не придется просматривать сайты других ведомств, не имеющие перевода на английский язык. Если для получения услуг требуется бумажная документация, АПИ должно выложить бланки необходимых документов в формате PDF и полную инструкцию по их подаче, включая контактную информацию соответствующего ведомства. Кроме того, рекомендуется значительно упростить процедуру обращения в ГКИУГИ за помощью в выполнении административных требований других ведомств. Вместо загрузки соответствующих документов, в том числе и тех, в получении которых инвесторам, возможно, требуется помощь (например, свидетельства о регистрации), базового запроса должно быть достаточно, чтобы добиться встречи. На этом этапе ГКИУГИ достаточно получить от инвестора документы, необходимые для выполнения требований другого ведомства. Тогда он станет полезным посредником, а не *дополнительной* бюрократической инстанцией.

Инвесторы рассчитывают не только на достоверную информацию, но и на поддержку АПИ в дальнейшей работе. Особенно в условиях коронавирусного кризиса и перебоев в системах снабжения (что может затрагивать даже импорт необходимых медицинских и продовольственных товаров), инвесторам требуются надежные связи с местными предприятиями. Агентства некоторых стран ОЭСР, в том числе Чехии, Греции и Польши, усовершенствовали свои механизмы подбора потенциальных деловых партнеров, введя для этой услуги виртуальные платформы (OECD, 2020[15]). Таджикский портал B2B содержит контактную информацию ряда компаний, главным образом на русском языке. Если перевести все это на английский и, возможно, добавить некоторые усовершенствования или возможность индивидуализации, инвесторы смогут использовать данную площадку для поиска потенциальных партнеров, что будет весьма кстати в условиях текущей неопределенности. Также в пример можно привести Грузию, которая подготовила путеводители для инвесторов, которыерегулярно обновляются на веб-сайте (см.Блок 10).

Блок 12. Партнерство Invest in Georgia с международными консалтинговыми компаниями и выполняемая им функция источника информации

Зарубежные представительства – один из самых эффективных инструментов привлечения ПИИ. Однако небольшие страны не всегда могут позволить себе открыть такие представительства в разных местах. Для решения данной проблемы Грузия предприняла следующие меры:

- Разработка специального руководства по привлечению инвестиций для грузинских дипломатов за рубежом. Руководство включает в себя объединенную информацию по всем приоритетным отраслям, выбранным для привлечения инвестиций, и набор основных аргументов для переговоров с потенциальными инвесторами. Для сотрудников дипломатических миссий были организованы специальные тренинги, чтобы ближе познакомить их с инвестиционными предложениями страны.
- Действуя при поддержке *USAID Georgia* и *USAID Invest*, *Invest in Georgia* заключило договор с международной консалтинговой компанией *OCO Global*, которая отчасти взяла на себя функции зарубежных представительств Грузии. Если точнее, компания отвечает за установление контактов с потенциальными инвесторами в различных странах от имени *Invest in Georgia* и содействует организации встреч с инвесторами, заинтересовавшимися страной. Договором предусмотрены определенные КПЭ, в том числе количество встреч, которые должны быть проведены, посещений объектов, которые должны быть организованы, и потенциальных сделок, которые должны быть заключены. Такая организация работы позволяет Грузии взаимодействовать через посредников с сотнями компаний за рубежом без необходимости создавать зарубежные представительства и управлять ими.

Кроме того, организацией разработан ряд инвестиционных справочников в сотрудничестве с широко известными международными компаниями, включая «большую четверку». Справочники затрагивают множество разнообразных юридических вопросов и разъясняют инвесторам нормы трудового права, таможенные процедуры, вопросы, связанные с приватизацией, регистрацией компании, получением различных лицензий и разрешений, а равно и другие соответствующие темы. В общей сложности, было подготовлено 11 дорожных карт, которые ежегодно обновляются[7]. При этом в Грузии действует лишь один сайт для инвесторов – investingeorgia.org.

Источник: грузинское агентство по развитию предпринимательства *Enterprise Georgia*.

В дальнейшей перспективе ГКИУГИ может потребоваться больше полномочий, чтобы они могли оказывать необходимые услуги напрямую через систему «единого окна» Это значительно упростило бы инвестиционный процесс и повысило конкурентоспособность Таджикистана в глазах инвесторов, поскольку большинство АПИ в странах Евразии уже есть «единое окно» (OECD, 2020[28]).

Упрощение процедуры утверждения инвестиционных проектов и использование инвестиционного соглашения как инструмента превентивной защиты инвесторов от судебных споров находятся под контролем ГКИУГИ

Процесс утверждения инвестиционных проектов полностью находится под контролем ГКИУГИ, в отличие от многих других аспектов обслуживания инвесторов (например, регистрационных и таможенных процедур), а потому комитету настоятельно рекомендуется перевести этот процесс в цифровой формат. Первым шагом должна стать подробная информация о критериях и требованиях на сайте (который следует сделать проще и минималистичнее), вторым – внедрение системы подачи предложений в электронной форме. Это увеличит прозрачность и сократит бюрократические препоны на пути инвесторов. В случае отказа ГКИУГИ должен опубликовать причины и разрешить подачу апелляции. Укрепление доверия на столь ранней стадии инвестиционного процесса побудит инвесторов сохранять отношения с Таджикистаном, инвестировать повторно и делиться положительными впечатлениями с потенциальными новыми инвесторами.

Согласно уставу, ГКИУГИ также наделен полномочиями обсуждать условия и подписывать инвестиционные соглашения от лица правительства. Однако закон «Об инвестиционных соглашениях» предусматривает, что они должны одобряться и ратифицироваться правительством и парламентом (Government of the Republic of Tajikistan, 2006[57]; 2017[78]). Вследствие этого может возникать ряд затруднений. Беспокойство вызывает еще и то, что правительство может предложить реализацию проекта другому инвестору посредством тендера, после чего участник, выигравший конкурс, возмещает автору предложения понесенные расходы, но не отчуждение интеллектуальной собственности (U.S. Department of State, 2020[72]; Government of Tajikistan, 2013[79]). Поэтому желательно устранить возможность выставления предложенного инвестором проекта на открытый конкурс, оставив за государством только право принять предложение или отклонить его.

При всем этом, согласно интервью с инвесторами и представителями правительства, инвестиционное соглашение уже показало себя надежным инструментом, который защищает инвесторов, сводя риск изменения условий практически к нулю. В силу этого, в соответствии с уставомГКИУГИ правительство могло бы наделить комитет полномочиями договариваться с инвесторами о заключении соглашения, обсуждать его условия и подписывать (задействуя при этом минимум сторонних механизмов одобрения), что вполне согласуется с положениями устава комитета. Законом «Об инвестиционных соглашениях» предусмотрен ряд преимуществ, которые можно включать в соглашения:

- Особые льготы и преимуществав таких областях, как налоги, таможенные процедуры, лицензирование, освобождение от применения антимонопольного законодательства, а также нормативных требований;
- Обязательство, в соответствии с которыми условия соглашения остаются в силе вне зависимости от последующих изменений в законодательстве, ухудшающих инвестиционный климат; а также
- Возможность передачи споров в международный арбитраж вместо рассмотрения судами Таджикистана (которое, согласно закону «Об инвестиционных соглашениях», является механизмом по умолчанию , если не оговорено иное).

Последний пункт особенно важен с точки зрения защиты прав инвесторов, если вспомнить о юридических трудностях, с которыми сталкиваются инвесторы в Таджикистане; впрочем, в настоящее время, к сожалению, международные арбитражные решения в Таджикистане не всегда принимаются к исполнению (OECD, 2021[2]).

Направление дальнейших действий

В данном разделе представлены сроки реализации рекомендованных мер государственной политики, описанных в докладе. В частности, правительству необходимо 1) внедрить надлежащие инструменты привлечения инвестиций; 2) укрепить институциональную структуру и стратегию в сфере привлечения инвестиций; 3) обеспечить наличие налаженной системы содействия инвесторам и использование информационно-просветительской функции в интересах инвесторов. Дальнейшая работа над рекомендациями будет приурочена к семинарам ОЭСР по развитию потенциала, которые должны способствовать реализации в 2022 и 2023 годах. Семинары будут проводиться под руководством Государственного комитета по инвестициям и управлению государственным имуществом Республики Таджикистан при участии других заинтересованных сторон, которые могут поддержать процесс реализации. ОЭСР будет содействовать процессу и приглашать экспертов для обмена знаниями в соответствующих сферах.

В заключение ОЭСР подчеркивает важность межсекторальных рекомендаций, упомянутых во вступительной части документа.

I. Координация, консолидация и единый межведомственный подход не ограничиваются сферой деятельности АПИ. Путем согласования приоритетов и создания эффективных каналов коммуникации с другими ведомствами, такими как Налоговый комитет и администрации СЭЗ, можно значительно улучшить помощь инвесторам при возникновении правовых споров, если АПИ будут выступать в роли официальных посредников. Опыт взаимодействия инвесторов с правительством уже станет существенно лучше, если просто добавить на сайты АПИ хорошо заметные ссылки на услуги других ведомств и обеспечить последовательный характер информации на всех платформах.

II. Наращивание кадрового потенциала для привлечения и удержания инвесторов остается приоритетной задачей на всех уровнях. ГКИУГИ обладают широкими полномочиями, но испытывают дефицит кадров. Нехватка сотрудников с опытом работы в частном секторе означает, что у организаций может не быть полного спектора навыков для взаимодействия с инвесторами, включая познания в сфере маркетинга. Конечно, увеличение бюджета и повышение финансовой независимости АПИ позволило бы им нанимать больше квалифицированных специалистов, но, учитывая влияние COVID-19 на распределение средств, необходимо прибегать к другим методам. АПИ должны «брать умом, а не силой», чтобы скомпенсировать небольшое количество сотрудников в условиях нехватки ресурсов в Таджикистане. Максимальную продуктивность каждого сотрудника можно обеспечить за счет точной расстановки приоритетов и определения конкретных отраслевых целей с помощью комплексной инвестиционной стратегии. Трудоемкие меры по привлечению инвестиций, например, частые мероприятия и новостные статьи для сайтов, не так важны, как простые решения вроде сбора и хранения актуальной информации об инвесторах в базе данных. Цифровизация может помочь максимизировать отдачу и от небольшого штата сотрудников. Чем больше информации легкодоступно на сайте и чем больше услуг предоставляется в электронном формате, тем меньше работы остается для сотрудников, отвечающих на запросы и оказывающих рутинные услуги. Это позволяет им тратить время на задачи, которые имеют более высокую добавленную стоимость для инвесторов и с большей долей вероятности могут привести к капиталовложениям: например, индивидуальный таргетинг и содействие в решении правовых вопросов.

III. Третьим аспектом является участие в работе международного сообщества по стимулированию инвестиций для содействия реализации рекомендаций и постоянного освоения передового опыта в будущем по мере изменения внешних условий. Обмен опытом между коллегами важен для принятия краткосрочных мер, как показал коронавирусный кризис, и в равной мере для долгосрочного стратегического планирования, в частности, в мире после пандемии (OECD, 2020[15]). При подготовке этого доклада, а также на заседаниях рабочей группы и мероприятиях по укреплению и развитию потенциала, ОЭСР опиралась на опыт АПИ со всего мира и знания приглашенных международных экспертов. Аналогичный подход ОЭСР будет применять и в 2022 году, чтобы поддержать реализацию рекомендованных мер. Однако это лишь начало. В 2016 году была создана сеть АПИ, объединившая высшее руководство АПИ из стран-участниц и партнеров ОЭСР, для налаживания диалога и обмена опытом (OECD, 2020[15]). Сеть АПИ ОЭСР делится наработками с коллегами из других стран мира и будет служить источником поддержки и информации для Таджикистана.

Рекомендация	Краткосрочные меры (6 месяцев — 1 год)	Среднесрочные меры 1–2 года	Долгосрочные меры (3–5 лет)
Рекомендация № 1. Наличие надлежащих инструментов привлечения инвестиций	• Разработать четкое и реалистичное ценностное предложение и разместить его на сайтах • Проанализировать уже проделанную работу и данные по важным целевым отраслям, чтобы создать предварительный список потенциальных приоритетных отраслей • В приоритетном порядке обновить сайты, чтобы обеспечить простоту и последовательность информации, наличие английских версий и действительных ссылок • Создать систему CRM или, по меньшей мере, общую базу данных и хранить там информацию об инвесторах	• Провести более подробный анализ сравнительных преимуществ Таджикистана в каждой отрасли для подготовки отраслевых ценностных предложений • Выбрать 3–5 конкретных приоритетных отраслей, а также целевые страны и проекты. Включить их в общую стратегию привлечения инвестиций (см. ниже) и в соответствии с этим обновить *все* правительственные сайты и публикации • Создать механизмы для сбора контактов потенциальных инвесторов с сайтов и анализа посещаемости сайтов • Собрать сведения о потенциальных инвесторах, в том числе путем взаимодействия на региональном уровне, и внести информацию о них в систему CRM • Проявлять инициативу в налаживании контактов с целевыми инвесторами	• Объединить все сайты АПИ в один • Закрепить сотрудников за конкретными потенциальными инвесторами для развития долгосрочных отношений
Рекомендация № 2. Оптимизация институциональной структуры и инвестиционной стратегии	• Подготовить подробный план работы над инвестиционной стратегией, предусмотрев, в частности, сроки, ресурсы и методы работы при участии государственных и частных заинтересованных лиц	• Уточнить функции и полномочия институтов, задействованных в привлечении инвестиций, путем согласования законов и уставов АПИ • Разработать и утвердить общую межведомственную стратегию привлечения инвестиций, отразив в ней, в частности основополагающие цели, результаты SWOT-анализа, механизмы мониторинга и оценки, а также специальные методы	• Предусмотреть в государственном бюджете финансирование АПИ на срок до 3 лет в достаточном объеме для обеспечения финансовой стабильности и независимости

		привлечения инвестиций, которые обеспечивают оптимизацию институционального взаимодействия, а не дублирование функций • Создать механизмы подбора кадров для привлечения специалистов из частного сектора	• Привести в соответствие полномочия и ресурсы АПИ
Рекомендация № 3. Более эффективное представление интересов и оптимизация системы содействия инвесторам	• Добавить раздел, посвященный COVID-19, на сайты АПИ с описанием новых мер экономической политики и рассмотреть возможность новостной рассылки или индивидуальных контактов с существующими инвесторами, чтобы оценить текущие проблемы и предложить поддержку • Сотрудничать с посредническими организациями и партнерами в области развития для оптимизации сбора информации о последствиях пандемии, использовать полученную информацию в информационно-разъяснительных целях • Упростить или отменить процесс подачи запроса на получение помощи в ГКИУГИ • Представить инвестиционное соглашение в качестве инструмента на сайтах АПИ	• Перераспределить ресурсы в пользу функций содействия и постинвестиционного обслуживания • Добавить на сайтах АПИ ссылки на все услуги и требования соответствующих государственных органов и разработать подробные инструкции о получении услуг и выполнении требований • Упростить процесс согласования инвестиций и перевести его в цифровой формат • Наладить регулярный диалог с инвесторами (например, путем опросов) в целях сбора информации о проблемах, связанных с инвестиционным законодательством • Расширить возможности по налаживанию деловых контактов на портале B2B • Усовершенствовать систему юридической поддержки инвесторов путем создания официальных каналов взаимодействия с высшими директивными органами	• Наделить службу «единого окна» ГКИУГИ полномочиями по оказанию услуг инвесторам напрямую • Пересмотреть Закон «Об инвестиционных соглашениях», чтобы у ГКИУГИ было больше полномочий самостоятельно проводить переговоры и заключать инвестиционные соглашения от лица правительства

Список литературы

ADB (2021), *Per Capita GDP Growth in Asia and the Pacific, Asian Development Outlook (ADO)*, https://data.adb.org/dataset/capita-gdp-growth-asia-and-pacific-asian-development-outlook. [12]

Agency for the Promotion and Protection of Investments of the Kyrgyz Republic (2021), *Success Stories*, https://invest.gov.kg/. [35]

Agency on Statistics under the President of Tajikistan (2020), *Macroeconomic Indicators*, https://www.stat.tj/en/macroeconomic-indicators. [6]

Blavatnik School of Government (2020), *Oxford COVID-19 Government Response Tracker*, https://github.com/OxCGRT/covid-policy-scratchpad/tree/master/regional_reports/archived_regional_reports. [62]

Byrne, P. (2016), *Major Structural Components of an Investment Promotion Strategy*, Background paper to an OECD workshop on investment promotion in Bishkek. [49]

Caribbean Export Development Agency (2014), *The Development and Implementation of National Investment Promotion Strategies*, https://www.ceintelligence.com/files/documents/NIPS_Handbook.pdf. [55]

Carole Biau (2015), *Regional Investment: Time to Cooperate*, http://oecdinsights.org/2015/07/16/regional-investment-time-to-cooperate/. [42]

Center for Regional Economic Competitiveness (2021), *Step 2: Developing Effective Value Propositions*, https://www.usacompetes.com/plan-strategize/developing-an-fdi-strategy-and-plan/how-do-i-define-the-value-proposition-that-will-best-differentiate-our-area-and-effectively-attract-foreign-investors/. [41]

Clarity Business Strategies (2018), *Developing Outstanding Inward Investment Value Propositions: 5 Key Principles for Success*, https://www.clarity-strategies.com/2016/04/inward-investment-value-proposition.html. [44]

Consultative Council on Improvement of Investment Climate under the President of the Republic of Tajikistan (2021), *Main Achievements*, http://investmentcouncil.tj/en/council/monitoring/achievements/. [64]

Consultative Council on Improvement of Investment Climate under the President of the Republic of Tajikistan (2020), *Results of Decision Implementation of 20th Session*, http://investmentcouncil.tj/upload/iblock/8d8/3_Monitoring%20Matrix.pdf. [65]

Customs Service (2021), *Single Window Centre*, https://www.swcustoms.tj/. [67]

de Combrugghe, A. (2019), *Supporting Investment Climate Reforms through Policy Advocacy*, https://www.oecd.org/investment/investment-policy/Investment-Insights-Supporting-investment-climate-reforms-through-IPA-policy-advocacy.pdf (accessed on 2 August 2021). [76]

EBRD (2020), *Tajikistan Diagnostic*, https://www.ebrd.com/where-we-are/tajikistan/overview.html. [18]

Embassy of Switzerland in Tajikistan (2020), "Tajikistan", *Annual Economic Report 2020*, https://www.s-ge.com/sites/default/files/publication/free/economic-report-tajikistan-eda-2020-07.pdf. [20]

Eurasianet (2018), *Tajikistan Adopts Partial Moratorium on Business Inspections*, https://eurasianet.org/tajikistan-adopts-partial-moratorium-on-business-inspections. [71]

FEZ "Dangara" (2018), *FEZ "Dangara"*, http://fezdangara.tj/. [33]

FEZ "Panch" & OSCE (2009), *Free Economic Zone "Panch"*, http://fezpanj.tj/ru/home.html. [34]

Government of Tajikistan (2016), *Закон об инвестициях [Law on Investments] No. 196*. [61]

Government of Tajikistan (2013), *LAW OF RT «ON INVESTMENT AGREEMENT»*, http://tpp.tj/business-guide2017/pdf/pdf_eng/02%20-%20Law%20of%20the%20Republic%20of%20Tajikistan%20On%20investment%20agreement.pdf (accessed on 21 December 2021). [79]

Government of Tajikistan (2012), *Концепция государственной политики привлечения и защиты инвестиций Республики Таджикистан [Concept of State Policy for the Attraction and Protection of Investments of the Republic of Tajikistan] No. 755*. [26]

Government of the Republic of Tajikistan (2017), *Закон Республики Таджикистан об ивестиционном соглашении [Law of the Republic of Tajikistan about investment agreements] No. 1435*. [78]

Government of the Republic of Tajikistan (2006), *Положение о Государственном комитете по инвестициям и управлению государственным имуществом Республики Таджикистан [Provision on the State Committee for Investments and State Property Management of the Republic of Tajikistan] No. 590*. [57]

Harding, T. and B. Javorcik (2012), *Investment Promotion and FDI Inflows: Quality Matters*, University of Oxford Economic Series Working Papers 612, https://users.ox.ac.uk/~econ0247/MIGA.pdf. [46]

Healy Consultants (2021), *Fees and Timelines*, https://www.healyconsultants.com/tajikistan-company-registration/fees-timelines/#timelines. [87]

IBT Partners (2020), *Optimizing Your Online Presence: Digital Strategies for Investment Promotion Agencies*, https://cdn2.hubspot.net/hub/209596/file-311416263-pdf/docs/French_Gov_-_Optimising_your_Online_Presence.pdf. [52]

IDA Ireland (2021), *COVID-19 Updates & Support*, https://www.idaireland.com/how-we-help/covid19-support-and-updates. [77]

IDA Ireland (2021), *Driving Recovery and Sustainable Growth*, https://www.idaireland.com/getmedia/4caa3e4c-f68c-40f3-bc40-5902034514ff/IDA_STRATEGY_Draft_15.pdf.aspx. [60]

IMF (2021), *World Economic Outlook*, https://www.imf.org/en/Publications/WEO/weo-database/2021/April. [7]

InvestChile (2021), *Why Invest in Chile*, https://investchile.gob.cl/why-chile/. [45]

Investment Promotion Center of CCPIT (2021), *Platform Service*, http://en.investchinaccpit.com/p112/ptfw.html. [70]

Kaymaz, N. (2019), *Investment Promotion and Lead Generation: Turkey's Experience*, Presentation at the 4th Meeting of the OECD Investment Promotion Agency (IPA) Network by the Presidency of the Republic of Turkey Investment Office. [51]

Kazakh Invest (2021), *About Kazakh Invest*, https://invest.gov.kz/about-us/kazakh-invest/. [58]

Kazakh Invest (2021), *Success Story*, https://invest.gov.kz/about-kazakhstan/success-story/. [36]

Kemp, S. (2021), *Digital 2021: Tajikistan*, https://datareportal.com/reports/digital-2021-tajikistan. [80]

Kosymova, Z. and N. Abdujabborov (2015), *From Regional to National PPD in Tajikistan*, CIPE, http://ppd.cipe.org/wp-content/uploads/2016/03/2015-Public-Private-Dialogue-in-Tajikistan.pdf. [63]

Loewendahl, H. and S. Bryan (2019), *Guidelines for Developing an Investment Promotion Strategy*, Canada-Indonesia Trade and Private Sector Assistance Project, http://www.tpsaproject.com/wp-content/uploads/2019-02-28-Manual-1124.08c.pdf. [54]

Millenium Cities Initiative (2009), *Handbook for Promoting Foreign Direct Investment in Medium-Sized, Low-Budget Cities in Emerging Markets*, Vale Columbia Center on Sustainable International Investment, http://mci.ei.columbia.edu/files/2012/12/MCI-City-Investment-Promotion-Handbook2.pdf. [59]

Ministry of Foreign Affairs (2021), *E-Visa Tajikistan*, https://www.evisa.tj/index.evisa.html. [66]

Mirsaidov, N. (2021), *Таджикистан внедряет реформы, чтобы привлечь зарубежные инвестиции [Tajikistan is implementing reforms to attract foreign investment]*, Karavansarai, https://central.asia-news.com/ru/articles/cnmi_ca/features/2021/03/11/feature-01. [29]

Moody's (2020), *Rating Action: Moody's Affirms Tajikistan's B3 Rating; Outlook Remains Negative*, https://www.moodys.com/research/Moodys-affirms-Tajikistans-B3-rating-outlook-remains-negative--PR_418888. [88]

National Bank of Tajikistan (2020), *Платежный баланс, международная инвестиционная позиция Республики Таджикистан [Balance of Payments, International Investment Position of the Republic of Tajikistan]*, https://www.nbt.tj/ru/statistics/tavozuni-pardokhti-jt/tavozuni-pardokhti-jumhurii-tojikiston/nashriyai_tavozuni_pardoht_mavkei.php. [19]

Nurgozhayeva, R. (2020), *How China's Belt and Road is Changing Central Asia*, The Diplomat, https://thediplomat.com/2020/07/how-is-chinas-belt-and-road-changing-central-asia/#:~:text=For%20Central%20Asia%2C%20BRI%20projects,modernize%20their%20obsolete%20transport%20infrastructure.&text=Although%20the%20BRI%20is%20an,criticism%2C%20especially%20. [84]

OECD (2021), *Crude oil import prices*, https://data.oecd.org/energy/crude-oil-import-prices.htm. [9]

OECD (2021), *Improving the Legal Environment for Business and Investment in Central Asia*, https://www.oecd.org/eurasia/Improving-LEB-CA-ENG%2020%20April.pdf. [2]

OECD (2021), *Informality and Covid-19 in Eurasia: The Sudden Loss of a Social Buffer*, https://www.oecd.org/eurasia/COVID-19-informality-Eurasia.pdf. [85]

OECD (2020), *COVID-19 Crisis Response in Central Asia*, https://www.oecd.org/coronavirus/policy-responses/covid-19-crisis-response-in-central-asia-5305f172/#:~:text=linklink%20copied!-,Context,OECD%2C%202020%5B19%5D). [10]

OECD (2020), *Investment Promotion Agencies in the Time of Covid-19*, https://www.oecd.org/coronavirus/policy-responses/investment-promotion-agencies-in-the-time-of-covid-19-50f79678/. [15]

OECD (2020), *Investment Promotion in Eurasia: A Mapping of Investment Promotion Agencies*, https://www.oecd.org/eurasia/competitiveness-programme/Investment-Promotion-in-Eurasia-A-Mapping-of-Investment-Promotion-Agencies-ENG.pdf. [28]

OECD (2020), *OECD Investment Policy Reviews: Egypt 2020*, https://www.oecd-ilibrary.org/sites/98f6a4b7-en/index.html?itemId=/content/component/98f6a4b7-en. [53]

OECD (2019), *Mapping of Investment Promotion Agencies Middle East and North Africa*, https://www.oecd.org/investment/Mapping-of-Investment-Promotion-Agencies-MED.pdf. [23]

OECD (2018), *Mapping of Investment Promotion Agencies in OECD Countries*, https://www.oecd.org/investment/Mapping-of-Investment-Promotion-Agencies-in-OECD-Countries.htm. [21]

OECD (2015), *Policy Framework for Investment*, https://www.oecd.org/investment/pfi.htm. [24]

OECD (2015), *Strengthening Chile's Investment Promotion Strategy*, https://www.oecd.org/daf/inv/investment-policy/Chile-investment-promotion-strategy-2015.pdf. [37]

OECD (2011), *Policy Framework for Investment: User's Toolkit*, https://www.oecd.org/investment/toolkit/policyareas/investmentpromotionfacilitation/41246119.pdf. [74]

OECD (2010), *Competitiveness and Private Sector Development: Kazakhstan Sector Competitiveness Strategy*, https://www.oecd-ilibrary.org/finance-and-investment/competitiveness-and-private-sector-development-kazakhstan-2010_9789264089792-en. [47]

OECD (Forthcoming), *COVID-19 in Central Asia: Mitigation, Recovery and Reform*. [86]

OECD & Inter-American Development Bank (2019), *How to Solve the Investment Promotion Puzzle: A Mapping of Investment Promotion Agencies in Latin America and the Caribbean and OECD Countries*, https://publications.iadb.org/en/how-solve-investment-promotion-puzzle-mapping-investment-promotion-agencies-latin-america-and. [22]

Santander Trade (2021), *Tajikistan: Foreign Investment*, https://santandertrade.com/en/portal/establish-overseas/tajikistan/investing-3?url_de_la_page=%2Fen%2Fportal%2Festablish-overseas%2Ftajikistan%2Finvesting-3&&actualiser_id_banque=oui&id_banque=0&memoriser_choix=memoriser. [17]

Schwab, K. (2019), *The Global Economic Competitiveness Report*, World Economic Forum, http://www3.weforum.org/docs/WEF_TheGlobalCompetitivenessReport2019.pdf. [25]

SCISPM (2019), *Required Documents*, https://investcom.tj/en/investments/single-window/183-required-documents.html. [73]

SCISPM (2018), *Service List*, https://investcom.tj/en/investments/single-window/182-service-list.html. [81]

SCISPM & TajInvest (2020), *Tajikistan launches a Single Window system for registering export-import transactions*, https://b2b.tj/en/news/details/a4d39508-2240-42d6-9d00-33acc2814308#:~:text=According%20to%20the%20country's%20customs,export%2Dimport%20and%20transit%20operations. [68]

SCISPM & TajInvest (2018), *First Steps to Startup [sic] Business in Tajikistan*, https://b2b.tj/en/news/details/dabb1859-9aba-472c-91f3-09bb0190a07d. [82]

SCISPM, TajInvest, GIZ, & OSCE (2019), *Business Portal*, https://b2b.tj/ru/home/default. [30]

SPISPM (2018), *Государственный комитет по инвестициям и управлению государственным имуществом Республики Таджикистан [State Committee for Investments and State Property Management]*, https://investcom.tj/langru.html (accessed on 2 July 2021). [31]

SugdNEWS (2020), *"Спитамен Текстайл" привлекает южнокорейские инвестиции и технологии ["Spitamen Textile" attracts South Korean investments and technolgies]*, http://sugdnews.com/2020/03/17/spitamen-tekstajl-privlekaet-juzhnokorejskie-investicii-i-tehnologii-2/. [50]

TajInvest (2021), *Obtaining a Visa*, http://tajinvest.tj/en/investors/pribytie-v-tadzhikistan. [83]

TajInvest (2021), *Устав предприятия [Charter of the enterprise]*, https://tajinvest.tj/ru/about-us/ustav. [89]

TajInvest (2019), *TajInvest*, http://tajinvest.tj/ru/ (accessed on 2 July 2021). [32]

Tax Committee (2021), *Все электронные сервисы [All electronic services]*, https://andoz.tj/Services?culture=ru-RU. [69]

Tsimal, S. (2020), *Is investment promotion a digital or a people business?*, https://www.citynationplace.com/investment-promotion-digital-or-human-sirpa-tsimal. [56]

U.S. Department of State (2020), *2020 Investment Climate Statements: Tajikistan*, https://www.state.gov/reports/2020-investment-climate-statements/tajikistan/. [72]

UN ESCAP (2019), *Investment Promotion and Image Building Strategy and Tools*, National Workshop on Promotion and Facilitation of Foreign Direct Investment for Sustainable Development in Timur Leste, United Nations Economic and Social Commission for Asia and the Pacific, https://www.unescap.org/sites/default/files/Session%204-Image%20building%20and%20investment%20promotion.pdf. [43]

UNCTAD (2021), "Investment Trends Monitor", *Special WIF Factsheet Edition*, https://unctad.org/system/files/official-document/diaeiainf2021d2_en.pdf (accessed on 20 December 2021). [14]

UNCTAD (2020), *Foreign Direct Investment: Inward and outward flow and stock, annual*, https://unctadstat.unctad.org/wds/TableViewer/tableView.aspx. [13]

UNCTAD (2016), *Investment Policy Review: Kyrgyzstan*, https://inff.org/assets/resource/kyrgyzstan---investment-policy-review.pdf. [48]

UNCTAD (2016), *Investment Policy Review: Tajikistan*, https://unctad.org/system/files/official-document/diaepcb2016d1_en.pdf. [27]

UNCTAD (2010), *Investor-State Disputes: Prevention and Alternatives to Arbitration*, https://unctad.org/system/files/official-document/diaeia200911_en.pdf. [75]

Wadhwa, K. and S. Reddy (2011), "Foreign Direct Investment into Developing Asian Countries: The Role of Market Seeking, Resource Seeking and Efficiency Seeking Factors", *International Journal of Business and Management*, Vol. 6/11. [40]

WAIPA (2020), *IPA Toolbox: A Practical Guide to Support Investment Promotion Agencies*, Deutsche Gesellschaft für Internationale Zusammenarbeit (GIZ), https://waipa.org/waipa-content/uploads/IPA-Toolbox-2020.pdf. [38]

World Bank (2021), *Foreign direct investment, net inflows (% of GDP)*, https://data.worldbank.org/indicator/BX.KLT.DINV.WD.GD.ZS. [16]

World Bank (2021), *Personal remittances, received (current US$) - Tajikistan*, https://data.worldbank.org/indicator/BX.TRF.PWKR.CD.DT?locations=TJ. [8]

World Bank (2021), *Tajikistan Economic Update summer 2021*, https://www.worldbank.org/en/country/tajikistan/publication/economic-update-summer-2021. [1]

World Bank (2021), *The World Bank in Tajikistan*, https://www.worldbank.org/en/country/tajikistan/overview. [4]

World Bank (2020), *Rebuilding Investor Confidence in Times of Uncertainty*, https://openknowledge.worldbank.org/handle/10986/33808. [39]

World Bank (2020), *Tajikistan Economic Update – Fall 2020*, https://www.worldbank.org/en/country/tajikistan/publication/economic-update-fall-2020. [11]

World Bank (2019), *GDP growth (annual %)*, https://data.worldbank.org/indicator/NY.GDP.MKTP.KD.ZG?locations=TJ. [5]

World Bank (2019), *Poverty headcount ratio at national poverty lines (% of population) - Tajikistan*, https://data.worldbank.org/indicator/SI.POV.NAHC?locations=TJ. [3]

Приложение A. Сбор данных

Опросы

Для того чтобы получить более точное представление о ситуации в Таджикистане, вместо традиционных ознакомительных поездок для сбора информации в течение шести месяцев команда ОЭСР провела ряд опросов (около 25). В опросах участвовали: инвесторы, государственные органы, международные организации, посольства, бизнес-ассоциации, ученые и так далее. Имена участников не будут разглашаться. Вопросы были направлены на получение представления о текущем деловом и инвестиционном климате, в том числе о существующих проблемах. Опросы проводились посредством *Zoom* и позволили составить мнение об индивидуальном восприятии. В целом, полученные результаты созвучны с основными выводами доклада.

Важно отметить, что итоги опросов нельзя рассматривать как объективные данные. Причинами предвзятости могут быть взаимоотношения между опрашивающим и опрашиваемым, социальное положение участников или формулировки вопросов (Holstein & Gubrium, 1997).

Виртуальные заседания рабочих групп

В рамках Программы ОЭСР по повышению конкурентоспособности стран Евразии (далее — «Программа») ОЭСР и Правительство Таджикистана сформировали рабочую группу из представителей государства и частного сектора для разработки методических указаний и рекомендаций по оптимизации методов стимулирования инвестиций в Таджикистане. В состав рабочей группы вошли представители государственных ведомств, инвесторов, бизнес-ассоциаций, в том числе Торгово-промышленной палаты, других партнеров в области по развития. Совместно с международными экспертами и членами паритетной комиссии из стран ОЭСР сотрудники Программы провели анализ, сбор данных и обсуждение с заинтересованными лицами из Таджикистана и определили основные проблемы и наиболее эффективные меры политики для улучшения методов стимулирования инвестиций в Таджикистане.

В рамках подготовки к паритетной оценке Таджикистана было проведено несколько виртуальных заседаний рабочих групп:

- **28 января 2021 года:** первое заседание рабочей группы в целях выявления проблем и обмена информацией с местными заинтересованными сторонами;
- **17 июня 2021 года:** второе заседание рабочей группы с участием международных экспертов в целях обсуждения предварительных рекомендаций;
- **5 октября 2021 года:** третье заседание рабочей группы с участием международных экспертов в целях обсуждения пояснительной записки для паритетной оценки и представленных в ней рекомендаций.

Настоящий доклад был представлен для паритетной оценки на восьмом заседании Круглого стола ОЭСР по повышению конкурентоспособности стран Евразии, где собрались высокопоставленные лица и отраслевые эксперты, представляющие страны Евразии, членов ОЭСР и партнерские организации. Он служит площадкой для ежегодного проведения паритетной оценки и обмена знаниями в области реформ, направленных на повышение конкурентоспособности в странах Евразии.

Паритетная оценка была проведена, чтобы помочь Таджикистану определить дальнейшие меры по преобразованию экономической политики. На заседании Круглого стола выступили эксперты, рассказавшие участникам о текущем положении дел в Таджикистане и опыте стран ОЭСР и Евразии:

- Директор *Kazakh Invest* Диана Аблякимова
- Заместитель директора *Enterprise Georgia* Торнике Зиракишвили
- Эксперт *Business France* Филипп Ивернье

Кроме того, в обсуждении участвовали эксперты из Секретариата ОЭСР, которые ранее приняли участие в подготовке пояснительной записке для паритетной оценки.

Ход реализации рекомендаций можно обсудить через два года, на заседании Круглого стола ОЭСР по повышению конкурентоспособности стран Евразии в 2023 году.

Опросные листы

ОЭСР также опиралась на информацию из опроса АПИ, который был проведен в странах ОЭСР и других регионах. Эти опросы, в основу которых лег комплексный опрос, разработанный при участии Межамериканского банка развития, позволяют получить сопоставимые данные из разных ведомств, классифицировать их по определенным характеристикам и объяснить текущие тенденции и методы в сфере привлечения и стимулирования инвестиций. Таджикистан (в лице ГУП «Таджинвест» и ГКИУГИ) прошел опрос в 2019 году в рамках исследования по систематизации информации о деятельности агентств по привлечению инвестиций в странах Евразии.

Для получения актуальной и дополнительной информации ОЭСР:

- направила обновленную и скорректированную версию опросника АПИ в ГКИУГИ;
- направила краткую версию опросника АПИ другим заинтересованным сторонам в правительстве.

Примечания

[1] Проект осуществляется при финансовой поддержке Европейской комиссии и реализуется *Luvent Consulting* (консорциум *Safège*)

[2] Соответствующий показатель Азербайджана, Казахстана и Туркменистана за указанный период составил в среднем 15,1%, 7,5% и 7,6% соответственно.

[3] По данным Всемирного банка, в 2020 году объем прямых иностранных инвестиций сократился на 47% по сравнению с предыдущим годом.

[4] Содействие в выборе проектов, информация о таджикских поставщиках / клиентах, рабочие совещания, посещение объектов; содействие в прохождении административных процедур, в том числе регистрация предприятий, постановка на учет в налоговых органах, получение лицензий / разрешений на владение землей и строительство, виз и разрешений на работу, подключение к инженерным сетям; правовые вопросы; содействие в получении финансирования; постинвестиционное обслуживание; улаживание конфликтных ситуаций; урегулирование споров; подбор потенциальных партнеров, установление связей и другие программы поддержки бизнеса (база данных таджикских поставщиков; наращивание потенциала местных предпринимателей; услуга по подбору потенциальных партнеров для инвесторов из числа местных фирм).

[5] Птицеводство; рыбоводство; рынок ценных бумаг; свободные экономические зоны; инновационно-технологическая деятельность; строительство гидроэлектростанций; новые и существующие предприятия, осуществляющие полный цикл переработки хлопкового волокна в готовую продукцию (от хлопчатобумажной пряжи до изделий из хлопка).

[6] В частности, законом Республики Таджикистан от 2 января 2019 года №1562 были приняты поправки к закону «Об исполнительном производстве», законами №№ 1557 и 1558 – поправки к первой и второй частям Гражданского кодекса Республики Таджикистан соответственно.

[7] Как зарегистрировать компанию; как получить разрешение на строительство; экологическая экспертиза; законы о разрешительной документации; регулирование фармацевтической продукции; как открыть коммерческий банк в Грузии; СЭЗ; справочник инвестора по приватизации в Грузии; преференциальные торговые режимы в Грузии; справочник таможенных процедур; справочник по трудовому праву.